____________ 학교 ____ 학년____반____________ 의 책이에요.

신나는 **교과 체험학습** 시리즈 이렇게 활용하세요!

'체험학습'이란 책에서나 수업 시간에 배운 지식을 실제 현장에서 직접 경험해 보는 공부 방법이에요. 단순히 전시된 물건을 관람하거나 공연을 보는 것이 아니라 학습을 하기 전에 미리 필요한 정보를 조사하는 것까지를 포함한 모든 활동을 의미해요. 어떻게 공부할 것인지를 준비하면 그렇지 않은 경우보다 훨씬 더 많은 것을 보고 느끼게 되겠지요. 이 책은 체험학습을 하려는 어린이들에게 좋은 길잡이 역할을 할 거예요.

❶ 가기 전에 읽어 보세요

이 책은 체험학습 현장을 어린이들이 쉽게 이해할 수 있도록 풀이한 안내서예요. 어린이들이 직접 체험학습 현장을 찾아가는 데 필요한 정보가 들어 있어요. 체험학습 현장을 가기 전에 꼼꼼히 읽어 보세요.

❷ 현장에서 비교해 보세요

우주는 어떤 곳일까요? 천문대에서 천체 망원경으로 밤하늘을 바라보며 별자리는 어떻게 만들어졌는지, 태양계에는 몇 개의 행성들이 있는지 우주의 신비를 풀어 보세요.

❸ 스스로 활동해 보세요

이 시리즈는 단지 지식을 전달하기 위한 교양서가 아니에요. 어린이 여러분이 교과서로 수업 시간에 배운 내용을 실제 현장에서 직접 체험하며 익힐 수 있도록 다양한 활동 내용을 담았지요. 책 중간이나 뒷부분에 이해를 돕기 위한 활동이 있으니 꼭 스스로 정리해 보세요.

❹ 견학 후 활동이 다양해요

체험학습 후에는 반드시 견학 후 여러 가지 활동을 해 보세요. 보고서 쓰기, 신문 만들기, 그림 그리기 등을 통해 체험학습에서 보고 들은 내용을 다시 한번 정리하면 알찬 체험학습이 될 거예요.

신나는 교과 체험학습 63

신비로운 밤하늘의 세계 우주

초판 1쇄 발행 | 2008. 8. 21.
개정 3판 5쇄 발행 | 2023. 11. 10.

글 전광훈 | **그림** 박양수

발행처 김영사 | **발행인** 고세규
등록번호 제 406-2003-036호 | **등록일자** 1979. 5. 17.
주소 경기도 파주시 문발로 197(우10881)
전화 마케팅부 031-955-3100 | 편집부 031-955-3113~20 | 팩스 031-955-3111
사진 전광훈 나사 감마포토 허블 보현산천문대

값은 표지에 있습니다.
ISBN 978-89-349-9275-2 64000
ISBN 978-89-349-8306-4 (세트)

좋은 독자가 좋은 책을 만듭니다. 김영사는 독자 여러분의 의견에 항상 귀 기울이고 있습니다.
전자우편 book@gimmyoung.com | 홈페이지 www.gimmyoungjr.com

*이 책은 2008년에 발행된《신비로운 밤하늘의 세계 중미산천문대》의 제목을 바꾸어 출간한 책입니다.

어린이제품 안전특별법에 의한 표시사항

제품명 도서 **제조년월일** 2023년 11월 10일 **제조사명** 김영사 **주소** 10881 경기도 파주시 문발로 197
전화번호 031-955-3100 **제조국명** 대한민국 ⚠**주의** 책 모서리에 찍히거나 책장에 베이지 않게 조심하세요.

신비로운 밤하늘의 세계

우주

글 전광훈 그림 박양수

주니어김영사

차례

우주 관측을 하기 전에

미리 준비하세요

《우주》 책 우주 관측을 하면서 볼 수 있는 행성, 별자리, 달 등에 관한 자세한 내용을 찾아볼 수 있어요.

수첩과 연필 우주 관측을 하면서 생긴 궁금한 점과 새로 알게 된 점을 메모해요.

방한복 우주 관측은 천문대에서 밤에 할 수 있어요. 천문대는 보통 산에 있기 때문에 낮보다 기온이 훨씬 낮아요. 그래서 추위를 막을 수 있는 두꺼운 옷이 필요해요.

마음가짐 밤하늘을 구경하러 가는 길, 설레는 마음은 꼭 필요하겠지요?

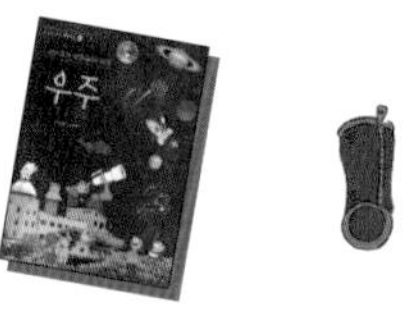

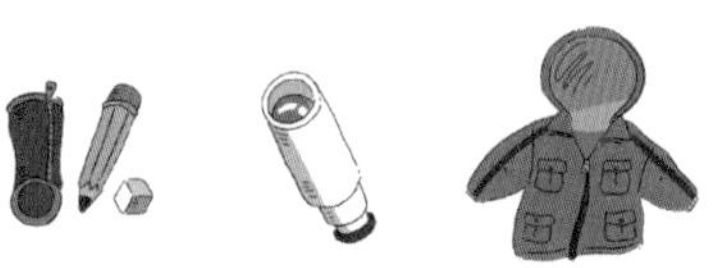

미리 알아 두세요

태양계의 행성들 태양 주위에는 태양을 공전하는 8개의 행성(수성, 금성, 지구, 화성, 목성, 토성, 천왕성, 해왕성)이 있어요. 이중 태양과 가까이 있는 수성, 금성, 지구, 화성을 지구형 행성이라고 하고, 고리가 있는 목성, 토성, 천왕성, 해왕성을 목성형 행성이라고 한답니다.

계절별로 볼 수 있는 별자리 봄철에는 사자자리, 처녀자리, 목동자리, 천칭자리 등을 볼 수 있고, 여름에는 독수리자리, 백조자리, 거문고자리, 궁수자리 등을 관찰할 수 있어요. 가을철에는 페가수스자리, 안드로메다자리, 페르세우스자리 등을 볼 수 있고, 겨울철에는 황소자리, 오리온자리, 큰개자리, 작은개자리 등을 만날 수 있습니다.

우리나라의 천문대 우리나라에 우주를 관측할 수 있는 천문대는 약 50여 개가 있어요. 양주 중미산천문대와 송암천문대, 영천 보현산천문대, 단양 소백산천문대, 영월 별마로천문대가 대표적이에요.

우주는요…….

옛날부터 지금까지 밤하늘은 신비의 대상이었어요.
여러분은 밤에 하늘을 올려다본 적이 있나요?
눈에 보이는 별들은 몇 개뿐이지만, 실제로 별들은 무척 많답니다.
별들이 집을 짓고 사는 신비한 우주에는 태양, 행성 등도 있어요.
최초의 우주는 어떤 모습이었을까요?
여러분은 우주에 대해 얼마나 알고 있나요?
우주에는 아직도 우리가 알지 못하는 수많은 비밀이 담겨 있어요.
비밀이 가득한 우주는 우리들의 가슴을 설레게 하지요.
이렇게 신비로운 우주의 비밀을 풀어볼까요? 출발!

신비한 우주

밤하늘에는 수많은 별들이 빛나고 있어요. 이렇게 별이나 은하가 살고 있는 곳을 우리는 '우주'라고 불러요. 우주는 태양과 행성, 위성, 수많은 별들과 은하는 물론 우리가 살고 있는 지구의 모든 것까지 함께 존재하는 공간이에요.

이렇게 무한한 우주는 어떻게 태어났을까요? 우주의 탄생은 아직도 수수께끼로 남아 있어요. 옛날 사람들은 어둠과 빛으로 이루어진 알에서 태어난 신이 맨 처음 우주를 만들었다고 생각했어요. 신의 두 눈동자는 해와 달이 되고 머리카락은 별이 되었다고 믿

었어요. 하지만 현대 과학자들이 우주 탄생의 이론 중 학계에서 통설로 믿고 있는 것은 빅뱅 이론이에요. 빅뱅은 우주가 점과 같은 상태에서 대폭발을 일으켜 지금 같은 모습이 되었고, 폭발 이후 지금까지도 팽창하고 있다는 것이에요.

우주가 어떻게 태어났든 우리에게 우주는 신비로운 대상이에요. 아직도 우리가 우주에 대해 모르는 부분이 많기 때문이지요.

자, 이제 하늘을 올려다볼 준비가 되었나요? 그럼 별과 은하가 있는 우주를 탐험하러 떠나 볼까요?

수많은 별들의 집, 은하

지구가 은하에서 태어났으니 나도 은하에서 태어난 거나 마찬가지네.

허블분류법
허블은 은하의 종류를 분류한 과학자예요. 이 분류에 따라 은하를 나눈 것이 허블분류법이에요.

우주에는 수많은 은하와 은하단들이 있어요. 은하는 수천억 개의 별들이 모여 있는 별들의 거대한 집단이에요. 우리 지구가 속해 있는 태양계도 은하에 속해 있어요. 은하는 우주의 가스나 자신보다 작은 이웃 은하를 빨아들이기도 해요. 지금까지 알아낸 바로는 은하 하나에 약 2천 5백억 개의 별이 있다고 해요. 이런 은하 몇 개가 모여 있는 것을 다중은하라고 하고, 수십 개가 모여 있는 것을 은하군, 그리고 은하가 수백 개 이상 모여 있는 것을 은하단이라고 해요.

지구에 수많은 나라와 여러 대륙이 있는 것처럼 은하도 여러 종류가 있어요. 허블분류법에 따르면 은하의 최초 모습은 태어난 지 얼마 안 되는 아기별이나 나이가 많은 늙은 별들로 이루어진 타원형이라고 해요. 시간이 지나면서 은하의 모습도 점점 바뀌어요. 처음의 타원은하에서 렌즈형은하로, 더 시간이 지나면 나선형은하로 진화해요. 지금까지 알려진 은하들 중 대부분의 은하들은 나선형은하에 속하지요. 나선은하는 정상나선은하와 막대나선은하로 나뉘어요. 은하 중에는 나선은하 말고 다른 형태로도 진화하는 은하가 있는데 이런 은하를 불규칙은하라고 해요.

타원은하
처녀자리은하예요. 처녀자리에 있는 타원은하로 지구로부터 6300만 광년 떨어져 있어요.

막대나선은하
에리다누스자리은하예요. 막대나선은하 중 가장 유명한 은하로 오리온자리 아래에 있어요.

은하가 태어난 블랙홀

불규칙은하

큰곰자리은하예요. 큰곰자리에 있는 불규칙은하는 지구로부터 약 700만 광년 떨어져 있어요.

우주에는 블랙홀이 있어요. 블랙홀은 우주 공간과 시간, 빛까지 빨아들이지요. 블랙홀이 우주의 빛까지 빨아들이다 보니 우리 눈에 보이지 않아서 검은 구멍이란 뜻의 '블랙홀'이란 이름을 붙인 거예요. 어떤 과학자들은 블랙홀이 닥치는 대로 빨아들이기 때문에 무시무시한 파괴자라고도 해요. 하지만 블랙홀은 우주에서 없어서는 안 될 고마운 존재예요. 우리 은하를 만든 최초의 에너지원이거든요. 우리 은하 중심에 있는 거대한 블랙홀이 우주의 에너지를 끌어 모아 우리 은하수은하를 만들었어요. 바로 그 속에서 태양과 지구가 태어났지요. 태양계 주위에도 11개의 작은 블랙홀이 있어요. 이것은 태양보다 5배 이상 무거운 별이 터져서 생긴 것이에요.

블랙홀은 어떻게 찾을 수 있을까요?

블랙홀이 유일하게 밖으로 뿜어내는 것이 있는데 비로 X신이에요. 우주의 천체 중에서 블랙홀이 가장 많은 X선을 뿜어내고 있어요. 그래서 전파망원경으로 X선을 관측하면 블랙홀의 위치를 찾을 수 있지요.

만약 여러분이 우주에 간다면 블랙홀을 조심해야 할 거예요.

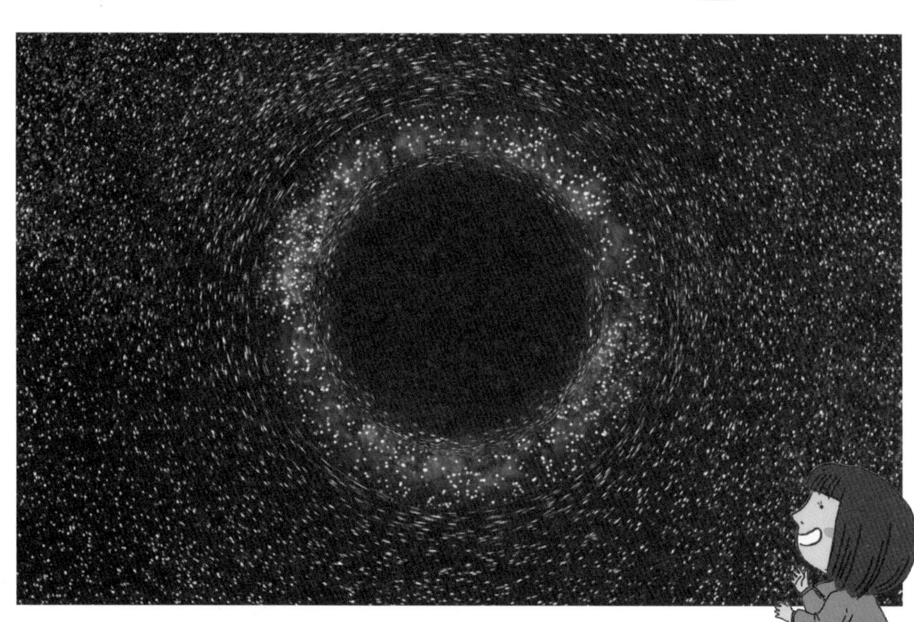

블랙홀

우주의 모든 것을 빨아들이지요.

옹기종기 모여 있는 별들, 성단

천체 망원경으로 하늘을 보면 별들이 옹기종기 모여 있는 것 같아요. 하지만 별들은 실제로 모여 있지 않아요. 우리가 지구에서 보기에 모여 있는 것처럼 보이는 거지요. 이렇게 별이 모여 있는 것을 별 무리란 뜻으로 성단이라고 해요. 성단은 산개성단과 구상성단 두 가지로 나뉘어요.

구상성단은 수만에서 수백만 개의 별들이 오밀조밀 모여 있는데, 마치 공처럼 동그랗게 모여 있지요. 우리 은하 안에는 약 500개의 구상성단이 있어요. 이 별들의 나이는 대부분 100억 년 이상이랍니다. 헤라클레스자리에 있는 구상성단과 사냥개자리에 있는 구상성단이 가장 유명하지요.

별들은 하나일 때 보다 여럿이 모여 성단을 이루고 있을 때가 훨씬 아름다워!

산개성단은 은하성단이라고도 하는데, 별들이 불규칙한 형태로 모여 있어요. 우리 은하 안에는 약 1000개가 있어요. 주로 나이가 어린 별들로 이루어져 있지요. 맨눈으로도 볼 수 있는 플레이아데스성단과 두 개의 산개성단이 함께 있는 페르세우스 이중성단이 가장 유명해요. 가장 가까운 성단은 황소자리의 히아데스성단이에요.

헤라클레스자리에 있는 구상성단

산개성단인 플레이아데스성단

작은걸음 큰 생각

우주의 탄생, 빅뱅 폭발

최초의 우주는 어떤 모습이었을까요? 그때의 모습은 온도가 매우 높고 지름이 약 0.0001센티미터밖에 안 되는 작은 점이었어요. 이때는 우주에 별이나 은하들이 없는 침묵의 시기였어요. 그런데 이 작은 점이 약 150억 년 전 '빅뱅'이라고 하는 뜨거운 대폭발을 했어요. 그때 점 안에 갇혀 있던 수많은 에너지가 밖으로 터져 나왔지요. 그 순간 우주를 만들 수 있는 아주 작은 물질들인 원자와 중성자, 양성자가 생겨난 거예요. 즉 최초의 원시 우주가 탄생한 것이지요. 그로부터 약 20억 년이 지난 뒤 우주 곳곳에서 수많은 물질들이 생겨났어요. 이 물질들은 우주의 중력에 의해 스스로 뭉쳐서 별과 은하를 만들었어요. 우주는 빅뱅 이후 150억 년이라는 시간이 지난 뒤에서야 지금과 같은 모습을 갖추게 되었답니다.

우주는 어디부터일까?

천문우주학에서는 어디부터 우주인지 아직 정확한 기준이 없어요. 그래서 나라마다 기준이 다르지요. 러시아는 지구로부터 100킬로미터 위, 미국은 80킬로미터 위를 우주라고 하고 그 이상 올라간 사람을 우주인이라고 하지요.
우리나라 최초의 우주인인 이소연씨가 다녀온 국제우주정거장이 약 380킬로미터 위에 있기 때문에 이소연씨를 우주인이라고 한답니다.

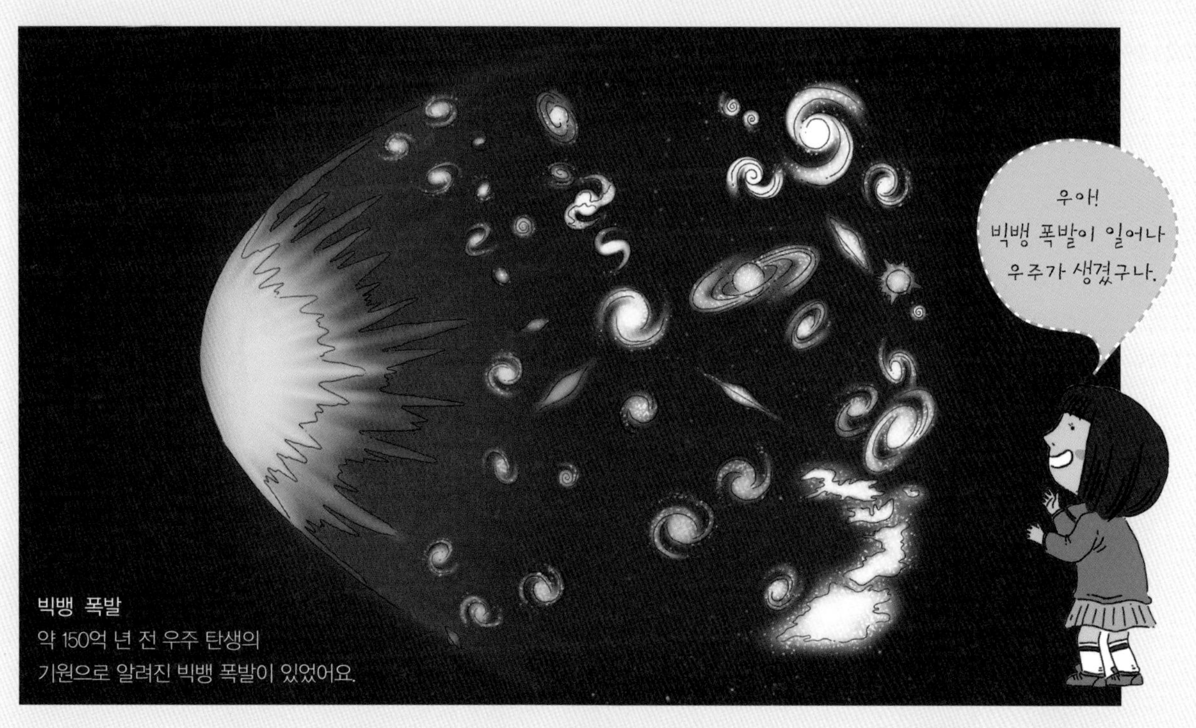

우아!
빅뱅 폭발이 일어나
우주가 생겼구나.

빅뱅 폭발
약 150억 년 전 우주 탄생의
기원으로 알려진 빅뱅 폭발이 있었어요.

우리 은하

우리 태양계가 속해 있는 우리 은하의 이름은 '은하수은하'라고 해요. 태양계에 속해 있는 지구도 은하수은하에 속해 있어요. 은하는 크게 우리가 속한 은하수은하와 은하수은하 외의 외부 은하로 나뉘어요. 우리 은하는 소용돌이 모양의 나선은하예요. 태양보다 약 1000억 배 무겁고 전체 길이가 10만 광년이나 되지요. 우리가 살고 있는 태양계는 은하 중심에서 약 3만 광년이나 떨어져 있어요. 우리 은하수 은하의 옆모습을 은하수라고도 하는데, 은하수는 왜 여름밤에만 보일까요? 태양계의 위치 때문이에요. 여름에는 밤하늘의 방향이 은하 중심이어서 은하수가 잘 보이지만 겨울밤에는 반대 방향이기 때문에 잘 안 보이지요. 맨눈으로 은하수를 보면 구름처럼 보여요. 하지만 천체 망원경으로 본 은하수의 모습은 움직이는 물고기처럼 보여요. 이것은 은하에 있는 약 2000억 개의 별들의 모습이 보이는 것이에요.

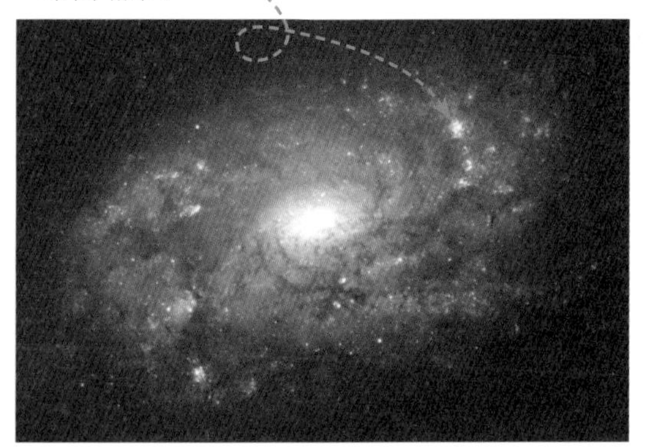
우리 지구는
여기에 있어요.

우리 은하
지구도 은하 속에서는 아주 작디작은 존재예요.

나라마다 다른 은하수의 이름

은하수라는 이름은 원래 중국에서 유래했어요. '은빛으로 빛나는 강물 같다'는 뜻에서 붙인 이름이에요. 옛날 우리나라에서는 은하수를

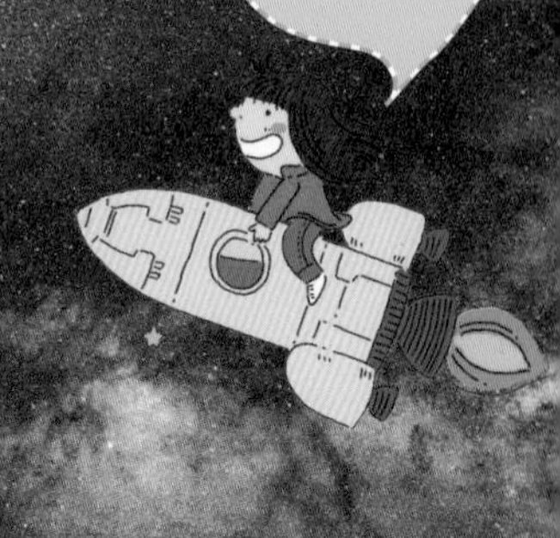
은하수는
정말 아름다워!

용을 뜻하는 '미르'와 강을 뜻하는 '내'를 합쳐 '미리내'라고 불렀어요. 우리 조상들은 이무기가 용이 되어 하늘로 승천한 뒤에도 강물에서 살 거라고 생각했어요. 밤하늘에서 그 강물을 찾다가 수많은 별들 사이에서 빛나고 있는 은빛 강물을 발견했어요. 그 강은 비가 많이 오는 여름철에만 보였어요. 그 강물에 용이 살고 있다고 생각해서 '미리내'라는 이름을 붙였지요.

승천
이무기가 용이 되어 여의주를 물고 하늘로 올라가는 것을 말해요.

서양에서는 은하수를 '밀키 웨이'(Milky Way)라고 불러요. 그리스 신화에 따르면 헤라의 젖이 하늘로 뿜어져 은하수가 되었다고 하지요. 그래서 우유를 뿌려 놓은 듯한 길이라는 뜻으로, 밀키 웨이라고 해요.

안드로메다은하

우리 은하와 가장 가까운 외부 은하는 안드로메다은하예요. 우리 은하와의 거리가 약 50만 광년 떨어져 있어요. 약 3000억 개의 별들이 모여 있는 안드로메다은하는 우리나라에서 11~12월 사이에 잘 보여요. 안드로메다은하는 빛이 흐려서 쉽게 알아보기 힘들기 때문에 달빛이 밝거나 구름이 있는 날보다는 밤하늘이 맑고 어두울 때 관측하는 것이 좋아요. 이 은하를 찾으려면 안드로메다자리를 먼저 찾아야 해요. W자 모양인 카시오페이아자리 바로 아래에 있답니다.

안드로메다은하
약 3,000억 개의 별들이 모여 있어요.

여기서 잠깐!

우주에서 안드로메다은하를 찾아보아요.

우리 은하와 가장 가까운 은하인 안드로메다은하는
W자 모양인 카시오페이아자리 바로 아래에 있어요.

카시오페이아자리

☞ 정답은 56쪽에

스스로 빛을 내는 태양

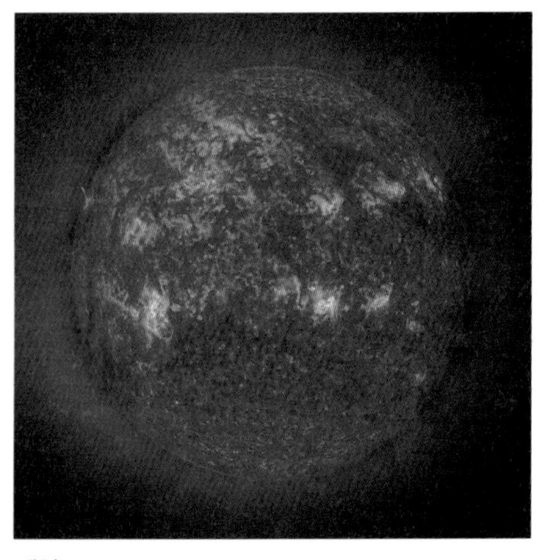

태양
지구로부터 1억 4960만 킬로미터의 거리에 있는 태양의 나이는 지금 약 50억 살이에요.

태양은 지구에서 생명체가 살아갈 수 있도록 빛과 열을 내 주는 태양계의 유일한 별(항성)이에요. 지구의 식물들은 태양빛에서 필요한 영양분을 얻고, 동물들은 그 식물을 먹고 영양분을 얻어 생활하지요. 사람도 마찬가지예요. 이처럼 태양은 지구의 모든 생명체에게 없어서는 안 될 고마운 별이지요. 태양의 총 수명은 약 100억 년이에요. 지금까지 약 50억 년을 살았으니 앞으로 약 50억 년 뒤에는 태양도 최후를 맞이하게 될 거예요.

태양은 어떻게 생겼을까?

태양의 지름은 지구의 109배나 돼요. 이것은 지구 130만 개를 모아 놓은 것과 같은 크기예요. 천체 망원경으로 태양을 볼 때는 태양 필터를 망원경에 끼우고 봐야 해요. 그래야 태양빛의 밝기가 10만 분의 1로 줄어서 안전하게 태양을 관측할 수 있어요.

이제 태양을 한번 살펴볼까요? 태양 표면에 검은 점이 있는데, 이것을 흑점이라고 해요. 태양의 표면 온도는 6400℃이고, 흑점의 온도

흑점

홍염

코로나

는 4000℃예요. 그래서 그 부분이 까맣게 보인답니다. 흑점에서는 강한 자기장이 나오지요. 그런데 흑점의 개수는 날마다 달라져요. 흑점의 개수가 많은 날에는 강한 자기장이 지구의 대기를 흔들어 놓지요. 그래서 인공위성이나 통신의 연결을 끊어 놓기도 해요. 태양의 불기둥인 홍염은 수십만 킬로미터까지 뻗어나가는데, 이것도 흑점의 개수에 따라 달라지지요. 태양은 11년을 주기로 흑점과 홍염의 수가 많아졌다가 다시 적어지는 것을 반복해요. 이것은 사람이 숨을 쉬는 것과 같답니다.

태양의 내부 구조

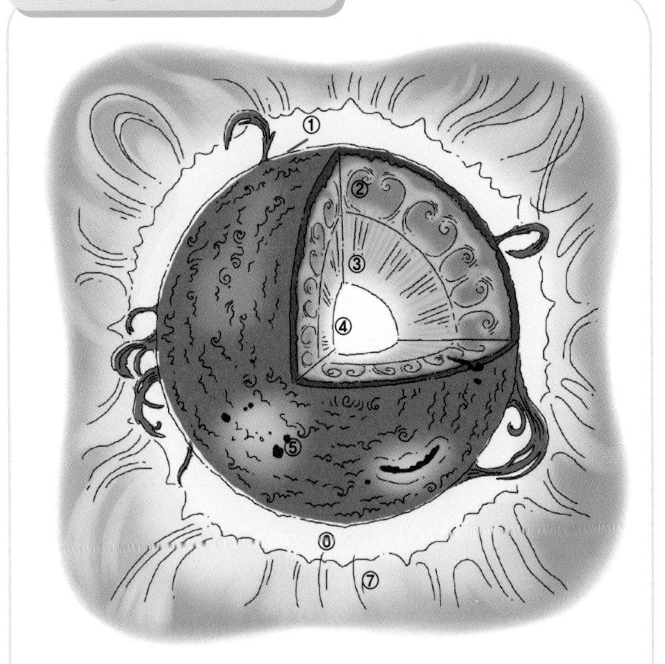

① 광구 우리가 눈으로 볼 수 있는 태양의 표면이에요.
② 대류층 복사층의 에너지를 광구로 운반하고, 온도가 내려가면 또 복사층의 에너지를 가지고 올라와요.
③ 복사층 핵에서 만든 에너지를 대류층으로 운반해요.
④ 핵 에너지를 만드는 곳이에요.
⑤ 흑점 태양 표면의 검은 점이에요.
⑥ 채층 붉은 빛을 내는 가스층이에요.
⑦ 코로나 태양 주위를 둘러싼 가스층이에요.

여기서 잠깐!

우주에서 태양을 관찰해 보아요

준비물 – 필기도구, 태양 필터, 태양 망원경

❶ 태양을 잘 관찰해 보고 흑점의 개수를 세어 보세요.

❷ 태양의 홍염을 관찰해 보고, 개수와 위치를 알아본 뒤 그림으로 그려 보세요.

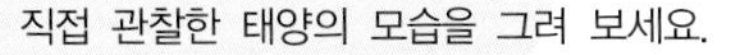

직접 관찰한 태양의 모습을 그려 보세요.

도움말 선생님의 설명을 듣고 잘 따라 하세요. 천체 망원경을 만지거나 조작이 되지 않은 상태에서 태양을 보면 안 돼요.

☞ 정답은 56쪽에

태양계의 행성

태양 주위에는 태양을 공전하는 8개의 행성이 있어요. 수성, 금성, 지구, 화성, 목성, 토성, 천왕성, 해왕성이지요. 이 행성들을 태양계 행성이라고 해요.

원래 태양계 행성의 수는 명왕성을 포함하여 9개였어요. 하지만 국제천문연맹에서 행성의 정의를 새로 내리면서 명왕성이 행성의 명단에서 빠지게 되었어요. 그러면서 태양계 행성은 8개의 행성으로 분류되었어요.

행성에 대한 정의는 4가지예요.

첫째, 항성 주위를 공전하는 천체예요. 태양계의 유일한 항성인 태양 주위를 공전해야 하지요.

둘째, 자신의 중력에 의해 천체의 모양을 둥글게 유지해야 해요. 가벼운 천체는 모양이 불규칙해요. 운석을 보면 모양이 일정하지 않고 불규

행성
태양 주위를 도는 천체로, 스스로 빛을 낼 수 없어요.

국제천문연맹(IAU)
천문학 박사 학위를 가진 천문학자들이 모인 국제적 협회로, 82개국 1만 3천 여명의 전문가가 회원으로 활동하고 있어요(2020년 기준).

중력
지구 위의 물체가 지구로부터 받는 힘이에요.

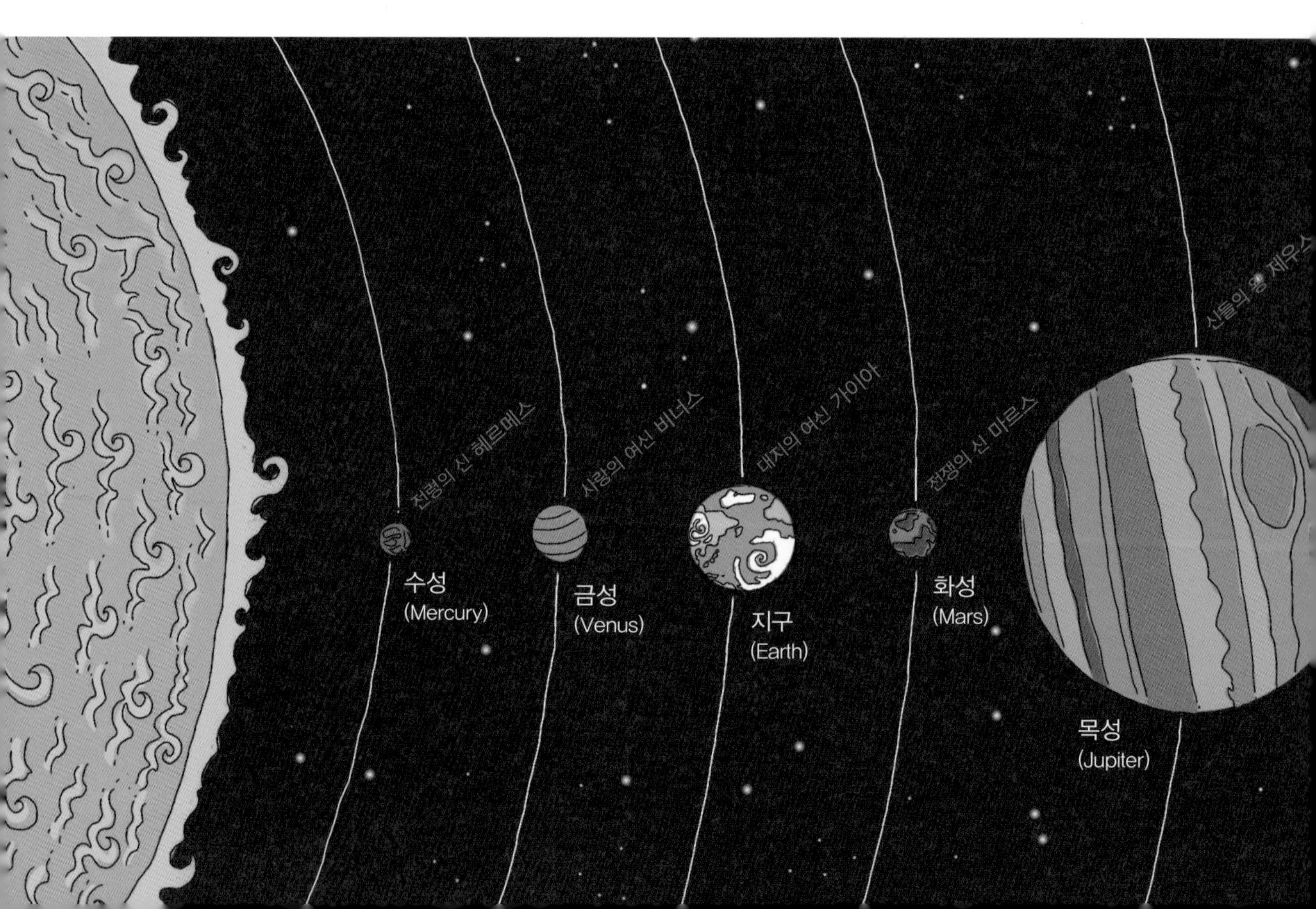

칙하지요.

셋째, 천체 중심에서 핵융합 반응이 일어날 만큼 질량이 크지 않은 천체예요. 만약 핵융합 반응이 일어난다면 이것은 별이 되지요.

넷째, 공전 궤도에서 주도적인 역할을 하는 천체예요. 공전 궤도는 행성이 별 주위를 공전할 때 지나가는 길이에요. 행성이 되기 위해서는 행성이 지나가는 길에 있는 모든 위성들이 그 행성을 중심으로 행성 주위를 돌아야 해요. 하지만 명왕성은 위성이 명왕성을 중심으로 공전하지 않기 때문에 행성이 아닌 것이지요.

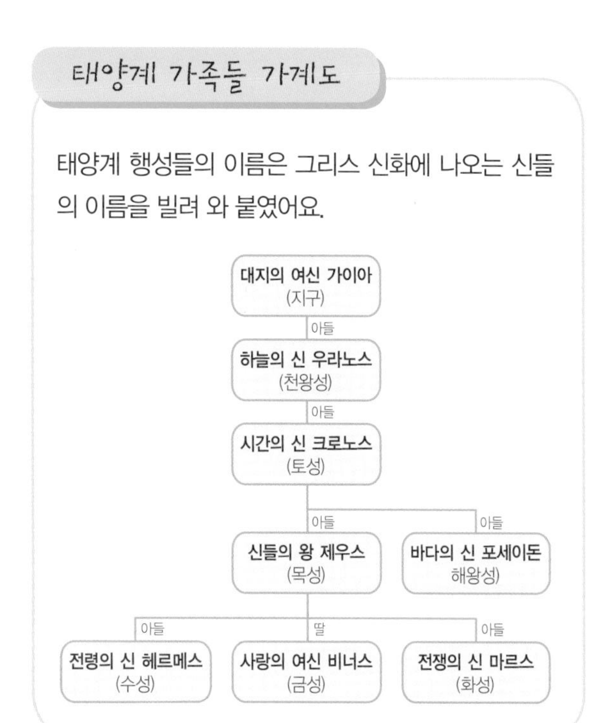

태양계 가족들 가계도
태양계 행성들의 이름은 그리스 신화에 나오는 신들의 이름을 빌려 와 붙였어요.
대지의 여신 가이아 (지구)
아들
하늘의 신 우라노스 (천왕성)
아들
시간의 신 크로노스 (토성)
아들
아들
신들의 왕 제우스 (목성)
바다의 신 포세이돈 (해왕성)
아들
딸
아들
전령의 신 헤르메스 (수성)
사랑의 여신 비너스 (금성)
전쟁의 신 마르스 (화성)

위성
행성의 둘레를 도는 작은 천체예요.

우아! 태양계의 행성들은 모두 8개야. 지구도 그중 하나지.

태양과 가까이 있는 지구형 행성

태양계의 행성 중 수성, 금성, 지구, 화성을 지구형 행성이라고 해요. 태양과 가까이 있어 대기의 온도가 항상 영상인 행성이에요.

영상
0℃ 이상의 기온이에요.

태양과 가장 가까이 있는 행성, 수성

수성은 태양과 가장 가까이 있는 행성이에요. 크기나 표면이 달과 비슷해요. 크레이터와 먼지로 뒤덮여 있고 공전은 88일, 자전은 59일이 걸려요. 만약 우리가 수성에 산다면 하루의 시간은 4224시간이 되지요. 수성은 태양 바로 옆에 있어서 낮에는 150℃나 되는 고온이지만 태양빛이 없는 밤에는 영하 170℃로 뚝 떨어지지요.

지구형 행성은 지구처럼 흙으로 이루어져 있어요.

밤하늘에서 가장 밝게 빛나는 행성, 금성

금성은 공전하는 궤도가 태양과 가까워서 해가 막 뜨거나 해가 막 진 뒤에 더 잘 보여요. 하지만 자전 속도가 아주 느려서 하루가 지구의 1년보다 길어요. 금성은 화산 지대에서 올라오는 가스가 대기로 올라가서 태양에서 오는 열과 합쳐져 대기의 온도가 자그마치 500℃나 된답니다.

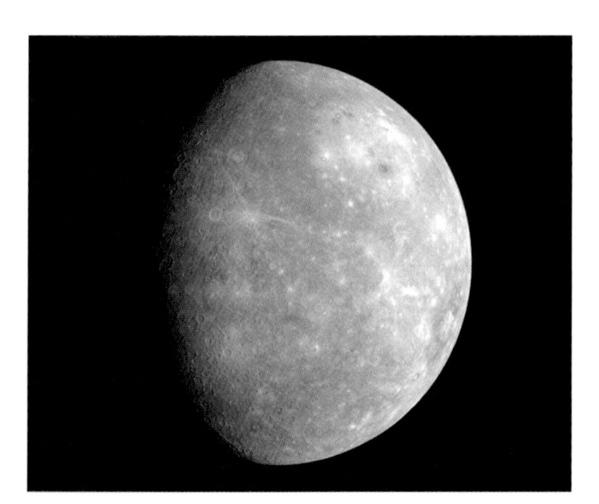

수성(Mercury)
빠르게 움직이기 때문에 그리스 신화에 나오는 신들의 심부름꾼인 헤르메스의 이름을 빌려 와 붙였어요.

금성(Venus)
화려한 금색 때문에 그리스 신화에 나오는 미의 여신인 아프로디테를 뜻하는 비너스라는 이름을 붙였어요.

다양한 생명체가 살고 있는 지구

지구는 생명체가 살고 있는 유일한 태양계 행성이에요. 대기권에 있는 오존층이 위험한 자외선으로부터 지구의 생명체를 막아 주는 보호막 역할을 하고 있어요. 지구의 나이는 약 46억 살이에요. 태양까지 거리는 1496억 킬로미터나 되는데, 우리가 걸어서 태양까지 간다면 약 57078년이 걸린다고 해요.

우주의 무법자, 혜성

올챙이처럼 생긴 혜성은 암석과 얼음, 가스 등으로 이루어져 있어요. 긴 꼬리가 있는데 태양에서 나오는 바람 때문에 혜성의 잔해나 가스가 떨어져 나와서 생겼어요. 지구에 한 번 오면 일정한 간격을 두고 오는 주기형 혜성과, 한 번 오면 다시는 오지 않는 비주기형 혜성이 있어요.

붉은 행성, 화성

오래전부터 사람들이 많은 관심을 가진 행성이에요. 지구처럼 땅과 대기가 있고 하루가 24시간이며 4계절이 있기 때문이지요. 옛날에는 화성에 외계인이 살고 있을 거라고 생각했어요. 하지만 화성에는 물이 있었지만 매우 적고, 산소도 매우 적기 때문에 사람이 살기는 힘들어요. 화성은 지표면의 70퍼센트 이상이 산화철을 포함한 적갈색의 흙으로 이루어져 있어서 붉게 보이지요.

산화철
녹슨 철이에요.

지구(Earth)
그리스 신화에서 하늘과 땅, 바다를 낳았다고 하는 대지의 여신 가이아를 뜻해요.

화성(Mars)
표면의 색이 붉어서 전쟁의 신인 마르스라고 불려요. 우리나라에서는 마치 불타는 것처럼 보인다며 화성이라고 했지요.

아름다운 고리가 있는 목성형 행성

가스로 이루어진 목성, 토성, 천왕성, 해왕성은 목성형 행성으로 지구형 행성에 비해 크기가 커요. 이 행성들의 가장 중요한 특징은 모두 토성처럼 고리를 가지고 있으며 암석이 아닌 가스로 이루어져 있다는 것이에요.

태양계의 행성 중 가장 큰 목성

목성은 지구 1400개를 합쳐 놓은 것과 같은 크기예요. 표면에 있는 갈색 줄무늬를 목성의 띠라고 해요. 목성은 한 바퀴 자전하는 데 9.8시간이 걸려요. 그래서 하루는 약 10시간, 1년은 12일이에요. 목성은 모두 16개의 위성을 가지고 있는데 그중 4대 위성은 1610년 갈릴레이가 처음 발견해서 갈릴레이 위성이라고도 불러요.

4대 위성
이오, 유로파, 가니메데, 칼리스토를 말해요. 그리스 신화에 나오는 제우스 신의 연인들의 이름을 붙였어요.

수천 개의 아름다운 고리를 가진 토성

토성의 가장 큰 특징은 수천 개로 이루어진 아름다운 고리예요. 이 고리는 돌과 얼음 조각, 가스, 먼지들로 이루어져 있어요. 우주를 떠

목성(Jupiter)
태양계의 행성 중 가장 크기 때문에 신들의 왕인 제우스의 이름을 따서 붙였어요.

토성(Saturn)
그리스 신화에 나오는 시간의 신 새턴의 이름을 빌려 와 붙였어요.

돌던 작은 운석들이 토성 고리에 와서 부서지고 그 파편들이 돌고 있는 것이에요. 토성은 매우 가벼운 가스로 이루어져 있어서 만약 물에 띄워 본다면 태양계 행성 중 유일하게 물에 뜨는 행성이 될 거예요.

운석
지구에 떨어진 별똥이에요. 대기 중에 들어온 유성이 다 타지 않고 지구에 떨어진 것이지요.

태양을 향하고 있는 행성, 천왕성

태양계의 행성 중 유일하게 데굴데굴 굴러가는 행성이에요. 그 이유는 다른 행성과는 다르게 천왕성의 북극이 태양 방향이라 구르는 것처럼 보이기 때문이에요. 천왕성은 천체 망원경으로 봐도 매우 작아서 모습을 확인하기 힘들지만 지름이 지구의 8배나 된다고 해요. 모두 15개의 위성이 있어요.

원시 지구와 모습이 비슷한 타이탄이라는 토성의 위성에 대해 연구해보면 지구 생명체 탄생의 비밀을 풀 수 있을지도 몰라요.

미지의 행성, 해왕성

태양계의 마지막 행성이에요. 해왕성도 천왕성처럼 아직 알려진 것이 많지 않은 행성이에요. 태양으로부터 44억 9700만 킬로미터나 떨어져 있어 태양 주위를 한 바퀴 도는 데 무려 165년이나 걸려요. 그래서 느림보 행성이라고 생각할 수도 있지만 1시간에 무려 16848킬로미터나 자전한다고 해요.

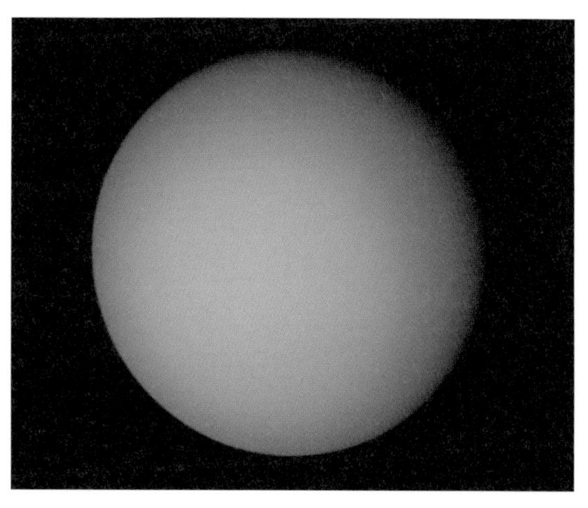

천왕성(Uranus)
천왕성은 하늘의 신인 우라노스에서 유래된 이름이에요.

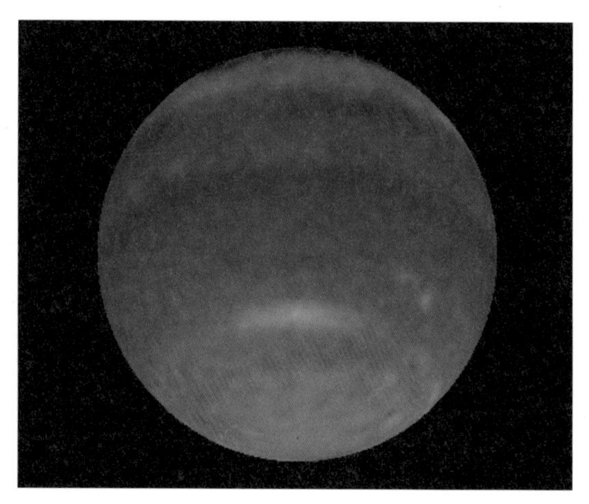

해왕성(Neptune)
해왕성은 바다의 신인 포세이돈에서 유래된 이름이에요.

별에게도 일생이 있어요

맑은 날, 밤하늘을 보면 모래알 같은 수많은 별들이 초롱초롱 빛나고 있어요. 우리가 밤하늘에서 맨눈으로 볼 수 있는 별은 6,000개 정도인데 별도 자세히 보면 밝기나 색깔이 조금씩 다르답니다. 그 이유는 별들도 우리 사람들처럼 태어나고 자라며, 늙고 죽는 삶을 살고 있기 때문이에요.

오리온 대성운
오리온자리에 있는 독수리 모양의 성운이에요. 성운 중에서 가장 크고 화려해요.

별은 성운이라는 우주의 가스나 티끌들이 모인 곳에서 태어나요. 구름이 모여 비를 만들어 내는 것처럼 성운에서는 별이 태어나지요. 처음 태어난 아기별은 크기가 매우 작지만 뜨거운 온도를 가진 파란색 별이에요. 그

별똥별을 만드는 공장, 혜성

'유성'이라는 별똥별은 운석이라는 우주의 돌덩어리가 지구로 떨어지면서 지구 대기의 마찰력 때문에 땅에 닿기 전 다 타서 사라지는 것을 말해요. 이 별똥별을 가장 많이 만드는 것이 바로 혜성이에요. 혜성이 지나간 자리에는 혜성에서 떨어져 나온 수많은 돌조각들이 있어요. 지구가 여기를 통과하면 그 돌조각들이 지구로 떨어져요. 어떤 때는 1시간에 100개 이상의 유성이 비처럼 떨어져서 유성우라고 하지요.

러다 어른 별이 되면서 크기가 점점 커지고 온도가 낮아져요. 별의 색깔은 푸른색에서 흰색을 거쳐 주황색으로 변해요. 그러다 별의 나이가 더 들면 어떻게 될까요? 온도는 더 낮아지고 색깔은 더 붉게 변하고 시간이 더 지나면 별이 폭발하게 되지요. 즉, 별의 일생이 끝나는 거예요.

별의 일주 운동

지구는 날마다 한 바퀴씩 스스로 빙글빙글 도는 자전 운동을 해요. 지구의 자전으로 인해 하늘의 모든 천체들도 빙글빙글 도는 것처럼 보이는데 이것을 별의 일주 운동이라고 하지요. 태양이 아침에 동쪽에서 떠 저녁에는 서쪽으로 지는 것도 별의 일주 운동이지요.

별의 일주 운동

우리는 별의 과거
모습을 보고 있어요.
예를 들어 지구와
3만 광년 떨어져 있는
별이라면 우리는 3만 년
전에 출발한 빛을 지금
보고 있는 거지요.

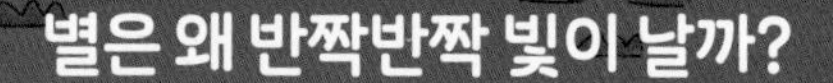

별은 왜 반짝반짝 빛이 날까?

지구에서 별을 보면 깜빡거리는 것처럼 보이지요. 하지만 우주에서 보면 별은 그냥 하나의 점처럼 보여요. 지구에서는 지구 대기를 통과해 온 별빛을 본답니다. 별빛이 지구를 통과할 때 대기의 변화 때문에 방향이 바뀌고 흔들려요. 그래서 우리 눈에 별이 깜빡이는 것처럼 보이는 것이지요. 이것을 그림으로 그리면 ★ 모양이에요.

봄에 볼 수 있는 별자리

봄의 별자리는 봄의 대곡선과 봄철 대삼각형으로 이루어져 있어요. 북두칠성의 손잡이를 따라 대곡선을 그리면 목동자리의 가장 밝은 별인 아크투르스와 스피카를 지나는데 이 곡선을 봄의 대곡선이라고 하지요. 그리고 봄의 별자리의 가장 밝은 별 3개를 선으로 이은 정삼각형을 봄철 대삼각형이라고 해요. 이 별들은 사자자리의 꼬리에 해당하는 '데네볼라'와 목동자리의 '아크투르스', 처녀자리의 '스피카'예요. 그 외 봄철 별자리로는 왕관자리, 천칭자리 등이 있지요.

별자리는 누가 만들었을까요?

별자리는 약 5000년 전 서남아시아 지역의 바빌로니아에서 유래되었어요. 이 지역의 유목민들은 양떼들을 키우며 살았는데 밤하늘의 별을 보고 여러 가지 동물의 모습을 그렸어요. 이 지역의 유물 중에는 양이나 황소, 게, 사자, 전갈 등의 별자리 모양이 그려진 푯돌이 있어요. 이후에 푯돌이 그리스로 전해지면서 그리스인들은 신화 속의 이야기에 나오는 신들을 별자리와 연관시켜 더 많은 별자리와 전설을 만들었어요. 이렇게 해서 오늘날 우리가 알고 있는 별자리의 이름과 전설이 탄생하게 되었어요. 현재 우리가 쓰고 있는 별자리는 1922년 국제천문연맹(IAU)에서 결정한 88개의 별자리예요.

배를 깔고 앉은 사자의 모습, 사자자리

옛날 하늘이 온통 혼란으로 뒤덮여 있을 때 땅에 떨어진 포악한 사자 모습의 유성은 사람들에게 많은 고통을 주었어요. 이때 헤라클레스가 사자를 죽이고 평화를 되찾아 주었어요. 이 사실을 안 제우스는 헤라클레스의 용맹함을 모든 사람들에게 알리기 위해 사자를 하늘로 올려 별자리로 만들었고 해마다 11월 중순이면 사자자리에서는 많은 별똥별이 떨어지지요.

이삭을 들고 있는 처녀의 모습, 처녀자리

토지의 여신 데메테르는 딸 페르세포네가 하데스에게 강제로 납치돼 결혼하자 매우 슬퍼했어요. 그 때문에 땅이 메마르고 들판의 곡식이 시들어 갔어요. 그래서 제우스는 페르세포네를 일 년의 반은 지하에서, 나머지 반은 지상에서 살게 했어요. 그

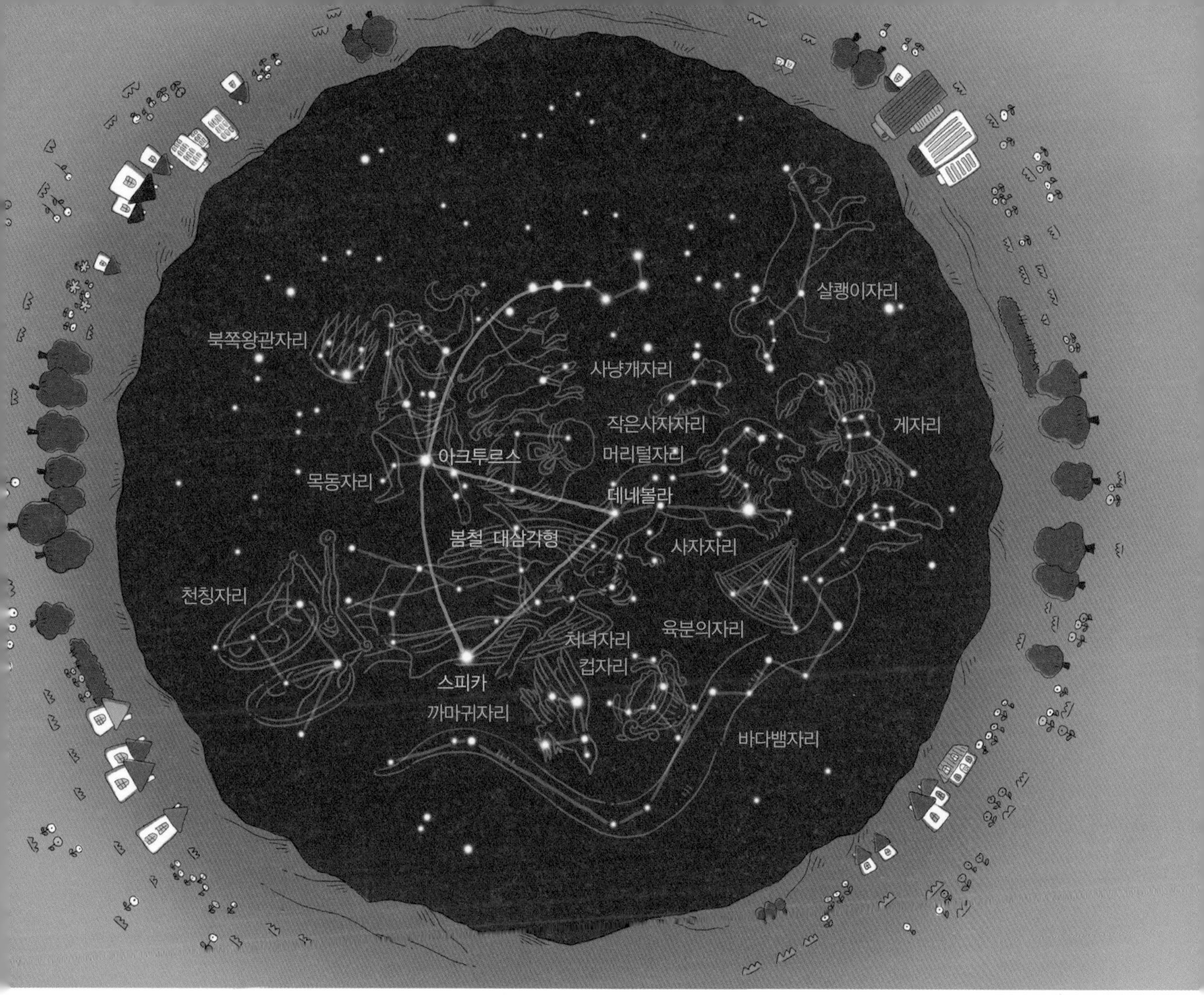

봄의 별자리

뒤부터 겨울이 지나 봄이 되면 페르세포네가 별자리가 되어 식물들이 살아나지만 다시 겨울이 되면 데메테르의 슬픔 때문에 메마른 땅이 되었지요.

물음표처럼 생긴 목동자리

밭을 일구는 쟁기를 개발하여 농사에 큰 도움을 준 아르카스의 업적을 기리기 위해 제우스가 만든 별자리예요. 제우스는 아르카스가 죽은 뒤 쟁기와 함께 아르카스를 하늘로 올려 보내 이 별자리로 만들었지요.

여름에 볼 수 있는 별자리

여름철 별자리는 여름철 대삼각형을 기준으로 놓여 있어요. 백조자리의 꼬리별인 '데네브'와 독수리자리의 '알타이르' 그리고 거문고자리의 '베가'가 직각삼각형을 이루고 있어요. 여름철 밤하늘에는 유명한 별자리들이 많이 있어요. 세상에서 가장 용감한 영웅인 헤라클레스자리와 헤라의 명령을 받아 오리온을 뒤쫓는 전갈의 모습인 전갈자리, 반은 사람이고 반은 말의 모습을 한 케일론의 모습인 궁수자리 등이 있어요. 여름철 대삼각형을 이루는 백조자리, 독수리자리, 거문고자리에 대해서 알아보아요.

전갈, 뱀, 독수리,
백조까지!
여름 별자리에는 동물
이름이 많네.

지상으로 내려오는 독수리의 모습, 독수리자리

제우스는 신들의 술을 따르는 일을 하던 헤베가 발목을 삐자 이를 대신할 사람을 찾게 되었어요. 제우스는 독수리로 변신하고 허공을 돌아다니다가 양떼를 몰던 왕자 가니메데를 납치하여 헤베를 대신하여 일을 시켰어요. 독수리자리는 제우스가 변신한 모습이에요.

백조로 변신한 제우스의 모습, 백조자리

제우스는 부인 헤라의 눈을 피해 자주 변신을 하고 지상으로 내려갔어요. 아름다운 여인들을 유혹하기 위해서였지요. 특히 스파르타의 왕비 레다를 유혹할 때는 항상 백조로 변신했다고 해요. 백조자리는 십자가처럼 생겨서 북십자성이라고도 해요.

오르페우스가 악기를 든 거문고자리

오르페우스는 죽은 부인 에우리디케를 살리기 위해 죽음의 왕인 프로토를 만나 하프 연주를 들려주고 아내를 구해 오게 되었어요. 하지만 죽음의 왕국을 벗어나기 전 뒤를 돌아본 순간 에우리디케는 저승

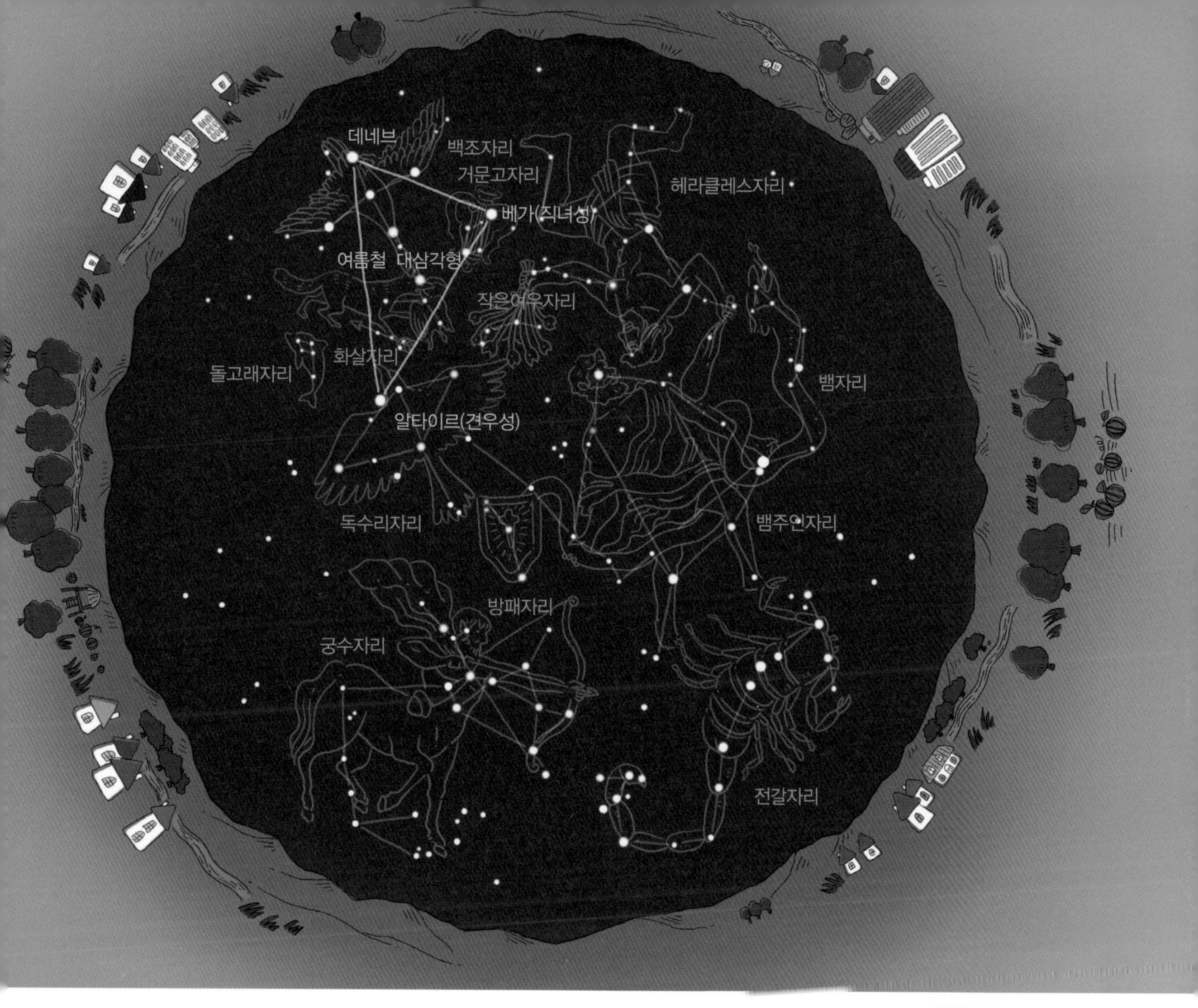

여름 별자리

으로 되돌아가고 말았고 두사람은 영영 이별을 하게 되었어요. 이 별자리에서 오르페우스가 든 악기는 사실 하프랍니다.

직녀성을 찾아보아요.

먼저 하늘에서 거문고자리를 찾아보세요. 그리고 가장 밝은 별인 베가를 찾아보세요. 이 별이 바로 우리나라에 직녀성으로 알려진 별이에요.

직녀성

☞ 정답은 56쪽에

가을에 볼 수 있는 별자리

가을철 별자리의 대표적인 '가을철 사각형'도 하늘을 날아다니는 날개 달린 말인 천마 페가수스의 몸통 부분의 4개의 별을 말해요. 가을철 별자리는 페가수스자리와 안드로메다자리 그리고 페르세우스자리가 가장 유명하며, 그 외에도 반은 염소이고 반은 물고기의 모습인 염소자리, 가니메데라는 미소년이 신들에게 술을 따르고 있는 모습인 물병자리, 아름다움의 여신 비너스와 사랑의 신 큐피트가 변신한 모습인 물고기자리 등이 있어요.

움직이지 않는 별, 북극성

하늘의 별들이 일주 운동을 할 때 움직이지 않는 별이 있어요. 바로 북극성이에요. 북극성은 지구가 자전을 할 때 중심이 되는 자전축과 만나는 별이에요. 지구 자전의 중심에 있기 때문에 움직이지 않아요. 그래서 나침반이 없었던 옛날에는 북극성을 보고 동, 서, 남, 북을 확인했어요.

날개 달린 말의 모습, 페가수스자리

페르세우스가 괴물 메두사를 처치하고 한손에 메두사의 머리를 든 채 고향으로 돌아가던 중 바다 괴물인 고래의 재물이 될뻔 한 안드로메다를 구하지요. 이때 메두사의 머리에서 흐르는 피가 바다로 떨어졌어요. 바다의 신 포세이돈은 이 피를 이용해 날개 달린 말을 만들었는데, 이 말이 바로 페가수스예요.

페가수스자리와 연결되는 안드로메다자리

에티오피아의 공주 안드로메다는 세페우스왕과 카시오페이아 왕비의 딸이에요. 허영심이 많은 카시오페이아는 자신이 요정들보다도 더 예쁘다고 자랑을 하고 다녔지요. 그것을 알게 된 요정들은 바다의 신 포세이돈에게 카시오페이아왕비를 혼내줄 것을 부탁했어요. 포세이돈은 에티오피아를 황폐하게 만들어 버렸어요. 이 재앙을 해결하기 위해 자신의 딸인 안드로메다공주를 재물로 보냈는데 후에 페르세우스

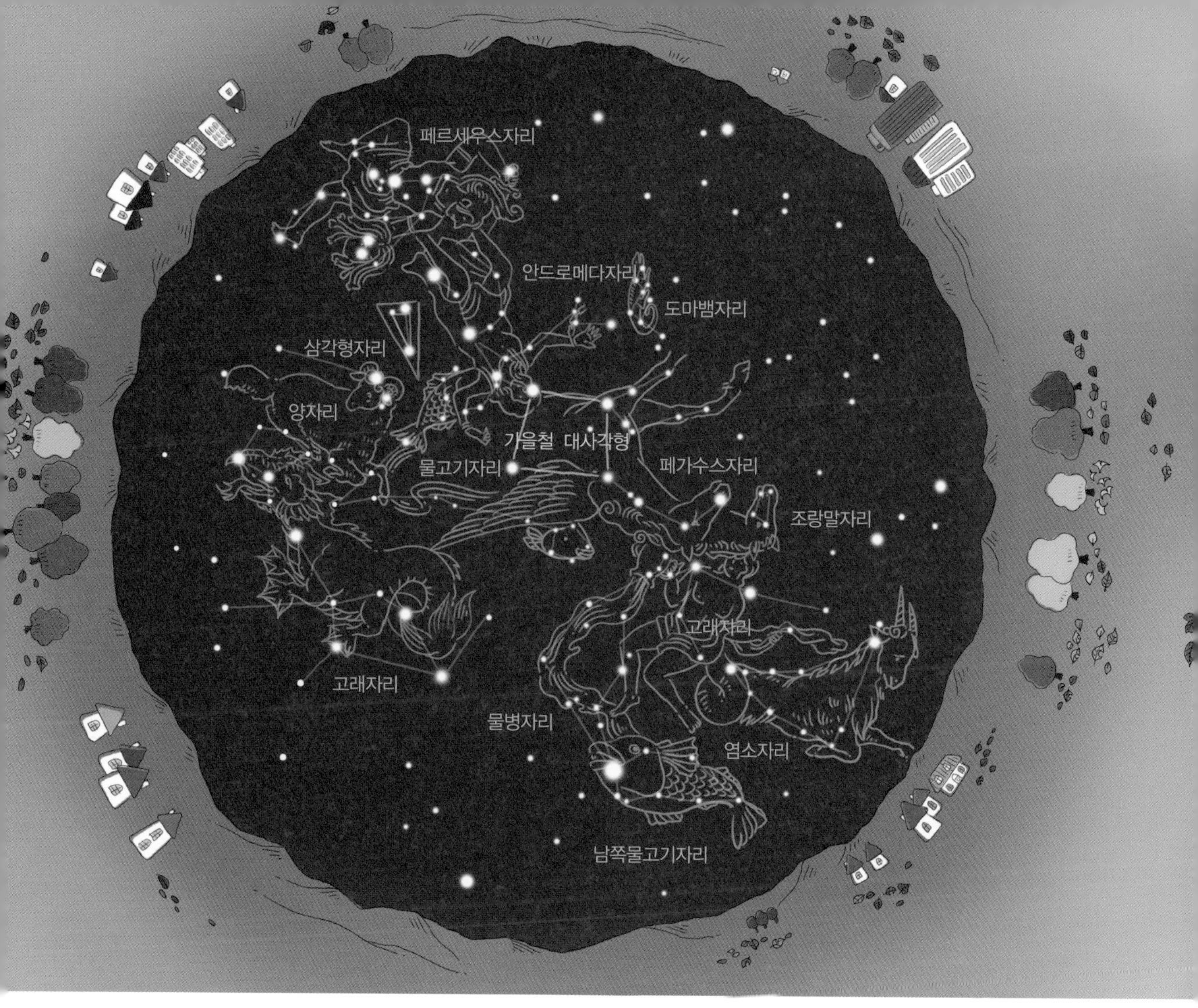

가을 별자리

가 공주의 목숨을 건지고 그와 결혼하게 되었지요.

메두사의 머리와 칼을 쥐고 싸우는 페르세우스자리

한손에는 메두사의 머리를 한손에는 칼을 쥐고 싸우는 모습인 페르세우스자리예요. 페르세우스는 제우스와 아르고스 왕국의 아크리시오스라는 사람 사이에 태어난 아들이에요. 페르세우스는 안드로메다 공주를 구하고 결혼을 하게 되었는데 후에 페르세우스와 안드로메다 공주가 죽자 여신 아테네에 의해 하늘의 별자리가 되었어요.

도시에서
별이 잘 보이지
않는 이유는 주변의
밝은 빛과 오염된
공기 때문이에요.

겨울에 볼 수 있는 별자리

겨울에 내리는 눈처럼 아름다운 겨울철 별자리는 6개의 별들이 모여 다이아몬드 형태를 하고 있어요. 이 6개의 별을 겨울철 다이아몬드라고 하는데 마차부자리의 '카펠라'와 황소자리의 '알데바란', 오리온자리의 '리겔', 큰개자리의 '시리우스', 작은개자리의 '프로키온', 쌍둥이자리의 '폴룩스'로 이루어져 있어요. 그리고 큰개자리의 '시리우스'와 작은개자리의 '프로키온', 오리온자리의 '베텔기우스' 이렇게 3개의 밝은 별을 겨울철 삼각형이라고 하지요.

두 개의 긴 뿔이 있는 황소자리

시녀들과 산책을 하던 어느날 제우스는 에우로페 공주를 보고 한눈에 반해 버렸어요. 제우스는 황소로 변신해 에우로페 공주에게 다가갔어요. 그리고 에우로페 공주를 등에 업고 재빨리 바다로 뛰어들어 크레타섬까지 가서 에우로페 공주와 결혼을 했는데 황소자리는 바로 제우스가 변신한 모습이에요.

별자리는 적도를 기준으로 북반구의 별자리와 남반구의 별자리가 달라요.

전갈자리를 피해다니는 오리온자리

달의 여신의 오빠인 아폴로는 동생과 사랑하는 사이인 오리온이 못마땅했어요. 그래서 오리온을 죽이기 위해 전갈을 보냈지만 영리한 오리온은 항상 전갈을 피해 다녔어요. 지금도 하늘에서는 전갈이 오리온을 뒤쫓고 있지만 전갈자리가 땅 위로 올라오면 오리온 자리는 땅 아래로 도망가 버리지요.

큰개자리

옛날 우리 선조들은 큰개자리를 보고 하늘의 늑대라고 불렀어요. 큰개자리는 오리온이 데리고 다니던 두 마리의 사냥개 중 한 마리예요.

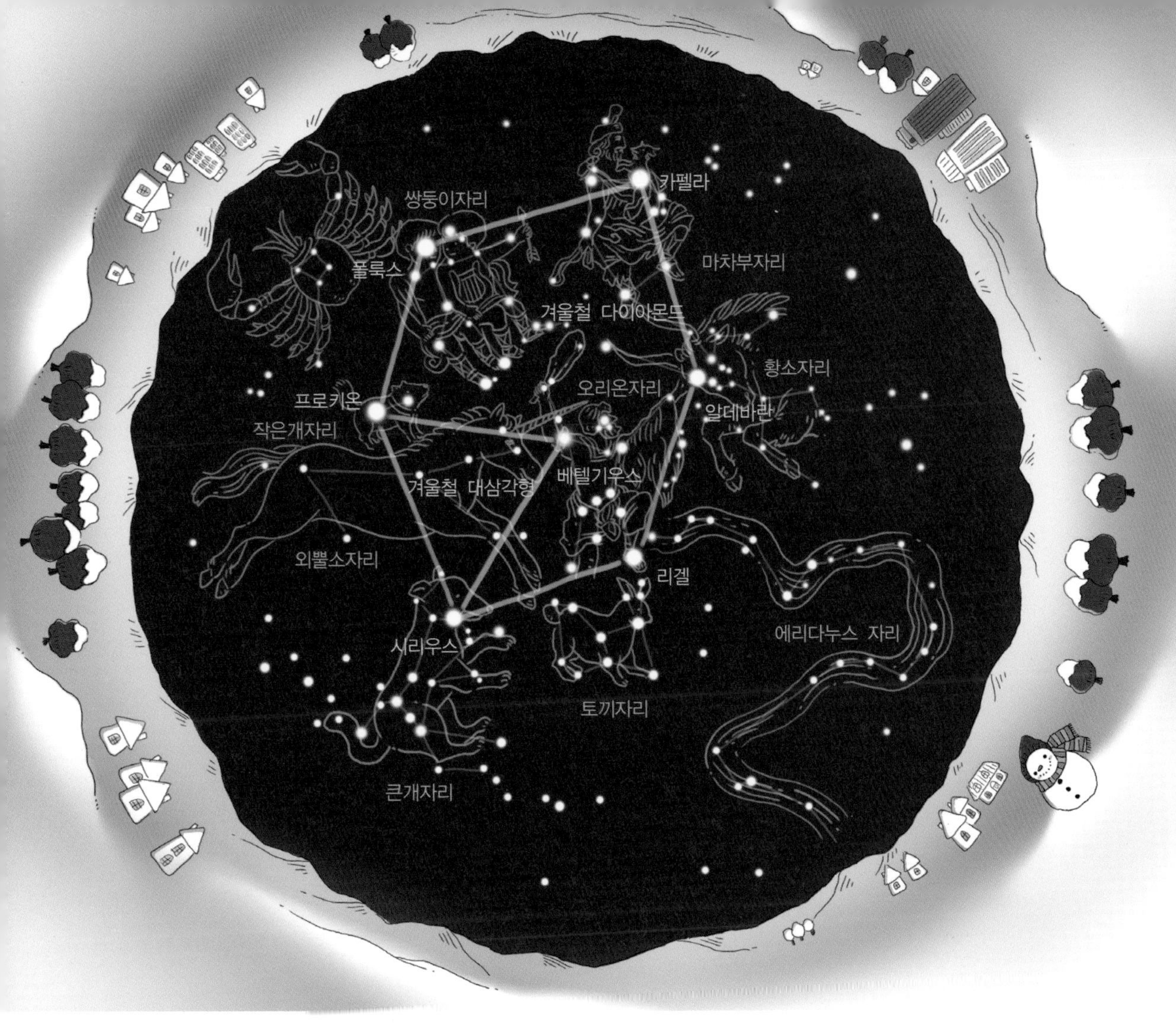

겨울 별자리

다른 한 마리의 개는 작은개자리예요.

우주에서 별자리를 찾아보아요.

황소자리를 찾아보고 황소자리 옆에 모여 있는 성단을 찾아보아요. 이 성단은 플레이아데스 성단이라는 유명한 성단이에요. 천체 망원경으로 보면 푸른색의 수많은 별들이 모여 있는 화려한 모습을 볼 수 있어요.

황소자리

☞ 정답은 56쪽에

우리가 사는 지구

우리가 사는 곳은 태양계 행성 중 하나인 지구지요. 수성, 금성 등 다른 행성들처럼 태양 주위를 돌고 있어요. 그래서 지구에는 낮과 밤이 있답니다. 먼 옛날 고대 사람들은 지구의 모양이 네모라고 생각했어요. 하지만 현대의 과학자들이 밝혀 낸 지구의 모양은 둥그렇지요. 지구가 태양계의 다른 행성과 다른 점은 많은 물이 있고, 태양이 보내 주는 따뜻한 빛 덕분에 수많은 생명체가 살 수 있다는 것이에요. 물론 태양과 적당히 거리가 떨어져 있어서 지구의 온도가 지나치게 높지도 않고, 지나치게 낮지도 않은 적당한 온도를 오랫동안 유지하는 것도 태양계의 다른 행성과는 다른 점이지요.

지구의 나이는 46억 년이라고 알려져 있어요. 그리고 지구상에 생명체가 나타난 것은 약 35억 년 전이라고 추측하지요. 지구는 처음 탄생했을 때 아주 뜨거운 마그마* 바다였어요. 그러다가 점점 차가워지면서 얇은 지각*이 형성되었지요. 그리고 비가 내리면서 바다가 만들어지고, 35억 년~25억 년 전 사이에 지표의 온도가 현재의 지구 온도와 가까워졌고 지금의 지구 환경이 만들어졌어요.

그럼 지금부터 우주에서 가장 아름다운 행성인 지구를 만나보아요.

* 마그마 : 지하에서 암석이 높은 온도로 가열되어 지표로 솟구쳐 나오는 것을 말해요.
* 지각 : 지구의 표면을 둘러싸고 있는 부분인데 토양과 암석으로 이루어져 있어요.

지구는 우주의 일부예요

먼 옛날 사람들은 우주의 중심이 지구라고 생각했어요. 그래서 밤하늘의 모든 별들이 지구를 중심으로 돌고 있다고 생각했지요. 이것을 '천동설'이라고 해요. 지구는 평평한 대지 모양이라고 생각해서 땅 끝까지 가면 지옥으로 떨어진다고 생각했지요. 그래서 바다를 항해하는 선원들은 먼 바다로 나가는 것을 두려워했어요. 바다 끝에는 낭떠러지가 있고 계속 가면 언젠가는 낭떠러지로 떨어질지 모른다는 두려움 때문이었어요.

천동설
고대 사람들은 지구가 우주의 중심에 있고, 모든 천체는 지구를 중심으로 돈다고 생각했어요.

고대 사람들은 바다 끝에 낭떠러지가 있다고 생각했지요.

하지만 고대 그리스인들이 바다를 항해하면서 지구가 동그란 공 모양이라는 것을 알아냈어요. 그래도 지구가 우주의 중심이라고 생각했지요.

그런데 우주의 중심이 태양이라는 것을 처음 말한 사람은 아리스토텔레스예요. 하지만 이것은 지구를 의미하는 땅보다 불을 의미하는 태양이 더 고귀하다는 철학적 생각에서 나온 말이었어요. 그 뒤 그리스의 아리스타르코스가 우주의 중심은 태양이고 지구도 태양을 중심으로 돈다는 '지동설'을 최초로 주장했어요. 하지만 당시의 여러 과학자들과 종교 단체들이 강하게 부정했어요.

지동설
현대의 과학자들이 지구는 태양을 중심으로 돌고 있다는 사실을 밝혀냈어요.

태양계의 모든 행성은 태양을 중심으로 돈다는 현대의 지동설을 처음으로 주장한 사람은 코페르니쿠스였어요. 그 뒤 티코 브라헤, 갈릴레이, 케플러 같은 과학자들이 천체를 관측하고 지동설의 증거를 하나씩 찾아내었어요. 이런 과정을 통해 지구도 역시 다른 태양계의 행성들처럼 우주의 일부분이라는 것을 알게 되었지요.

행성
스스로 빛을 내지 못하는 천체예요.

나를 중심으로
지구와 다른 행성들이
돌고 있다는 사실을
너무 늦게 알아냈어!

여기서
잠깐!

나의 생각을 써 보세요.

지구는 둥글지요. 그런데 만약 지구가 네모 모양이었다면 어땠을지 생각해 보세요.

☞ 정답은 56쪽에

지구는 자전과 공전을 해요

지구
지구는 푸른색의 큰 공 같아요. 지구의 약 3분의 2가 바닷물로 덮여 있어서 그 부분이 모두 푸른색으로 보이는 거예요.

지구의 낮과 밤은 왜 생길까요? 고대인들이 생각한 것처럼 날마다 새로운 태양이 뜨기 때문일까요? 아니에요. 그것은 지구가 혼자서 빙글빙글 도는 자전을 하고 있기 때문이에요. 지구는 하루에 한 바퀴씩 스스로 도는데 태양이 비치는 쪽은 낮, 태양이 비치지 않는 쪽은 밤이 되기 때문이에요.

그런데 밤하늘의 별들도 하루에 한 바퀴씩 빙글빙글 도는 일주 운동을 해요. 지구가 돌고 있기 때문에 우리 눈에는 별이 빙글빙글 도는 것처럼 보인답니다. 천장의 형광등이나 벽지의 그림 등을 보면서 한 바퀴 돌아보세요. 형광등의 빛이나 벽지의 그림이 마치 원이 그려지는 것처럼 보일 거예요. 이것이 바로 별의 일주 운동이에요.

지구의 24시간

지구가 한 바퀴 자전하는 데는 24시간이 걸려요. 그래서 우리의 하루가 24시간이지요. 지구가 태양을 향하고 있는 쪽은 낮, 반대쪽은 밤이 되는 거예요.

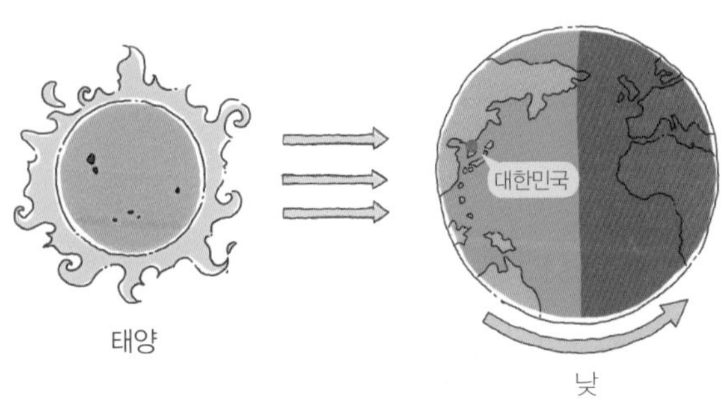

낮
우리나라가 태양을 향해 있을 때 우리나라는 낮이에요. 반대편 나라는 밤이지요.

밤
우리나라가 태양을 등지고 있을 때 우리나라는 밤, 반대편 나라들은 낮이에요.

12시간 뒤 낮
다시 12시간 뒤 우리나라가 태양을 향하면 우리나라는 다시 낮이 되지요.

공전하는 지구

우리나라는 봄, 여름, 가을, 겨울의 사계절이 있어요. 이렇게 계절이 생기는 이유는 지구가 태양 주위를 돌기 때문이에요. 이것을 지구의 공전이라고 하지요. 지구가 태양을 도는 속도는 로켓이 우주로 날아가는 것보다 빨라요. 이렇게 지구가 태양 주위를 공전하면서 일어나는 일들은 여러 가지예요. 계절마다 별자리가 달라지고, 태양의 위치는 시간에 따라 달라지지요. 만약 지구가 태양 주위를 돌지 않는다면 우리나라에서는 사계절이 생기지 않고, 우리는 항상 같은 별자리만 바라보게 될 거예요. 그리고 지구의 원심력이 사라져 태양의 중력에 이끌려서 지구는 태양 속으로 빨려 들어갈지도 몰라요.

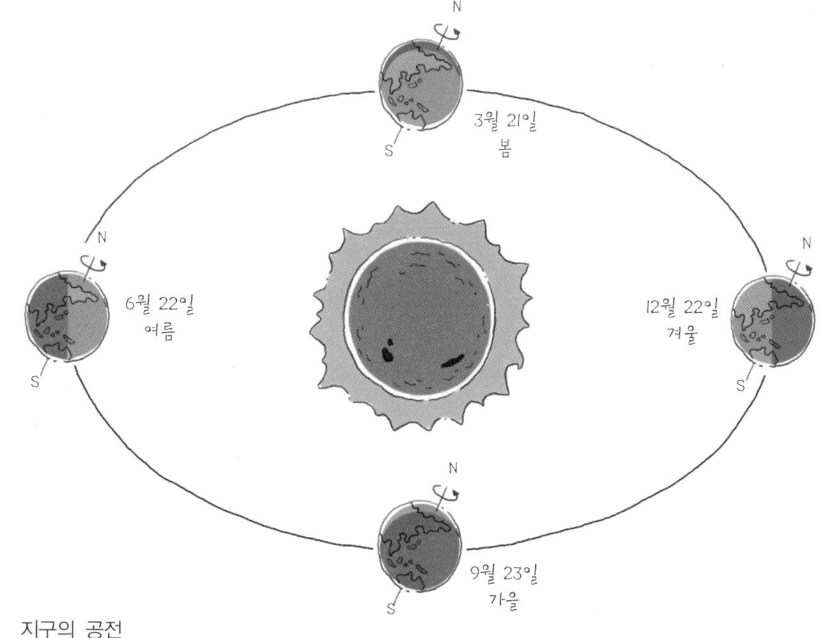

지구의 공전
지구는 쉬지 않고 돌고 있어요. 그러면서 태양 주위를 돌기 때문에 그 위치에 따라 사계절이 생겨요.

원심력
물체가 원 운동을 하고 있을 때 회전 중심에서 멀어지려는 힘이에요.

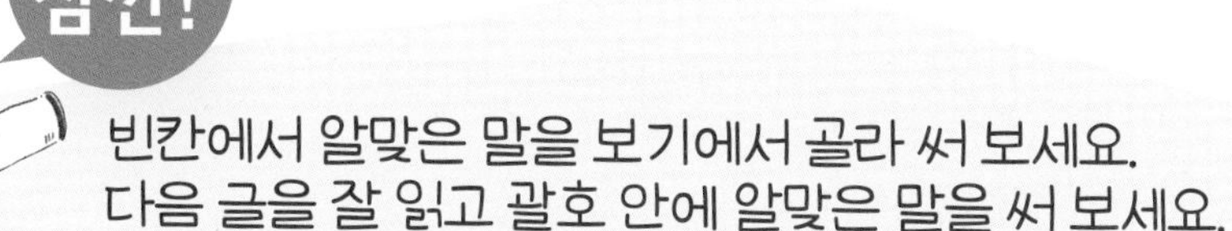

빈칸에서 알맞은 말을 보기에서 골라 써 보세요.
다음 글을 잘 읽고 괄호 안에 알맞은 말을 써 보세요.

1. 지구의 푸른색은 (   )로 덮여 있는 부분입니다.
2. 지구는 날마다 한 바퀴씩 스스로 도는 (   ) 운동을 해요.
3. 봄, 여름, 가을, 겨울의 사계절이 생기는 이유는 지구가 태양 주위를 도는 (   )을 하기 때문이에요.

보기	공전 자전 바닷물

☞ 정답은 56쪽에

달, 달! 무슨 달

달
낮에는 달이 아주 더워요. 온도가 100℃까지 올라가요. 그리고 밤에는 영하 150℃까지 내려가요.

우리가 살고 있는 지구에서 약 38만 킬로미터 떨어져 있는 달은 지구의 유일한 자연 위성이에요. 크기는 지구의 4분의 1밖에 되지 않지요. 그런데 우리는 항상 달의 앞모습만 보고 있어요. 왜 그럴까요? 달도 지구처럼 자전과 공전을 하는데 자전과 공전의 속도가 지구와 똑같기 때문이에요. 만약 달의 자전과 공전의 속도가 지구의 자전과 공전 속도와 다르다면 우리는 달의 뒷모습까지 볼 수 있었을 거예요. 그래서 달의 뒷모습을 보고 싶다면, 우주로 나가서 달 뒤쪽으로 가야 하지요.

이제 천체 망원경으로 달을 관찰해 볼까요? 달을 잘 관측하려면 밤하늘에 구름이 끼지 않은 날이 좋아요. 달은 맨눈으로 볼 때와 달리 지표면에 수많은 웅덩이들이 있어요. 이 웅덩이

위성
행성의 인력으로 그 주위를 도는 천체예요.

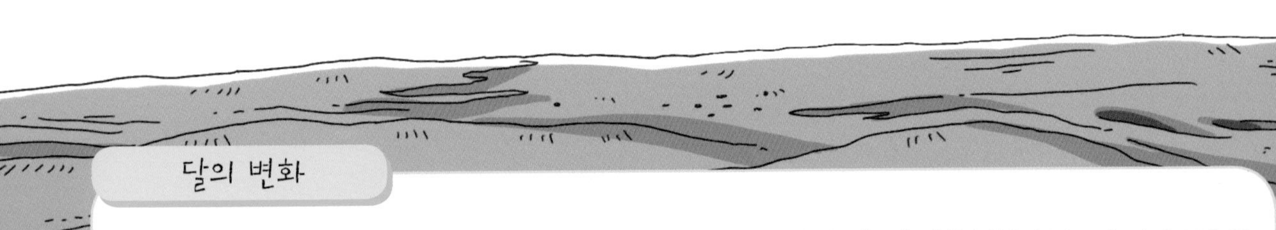

달의 변화

달은 태양빛을 받는 밝은 부분과 받지 못하는 어두운 부분으로 나뉘어 지는데 밝은 부분의 정도에 따라 모습이 달라져요.

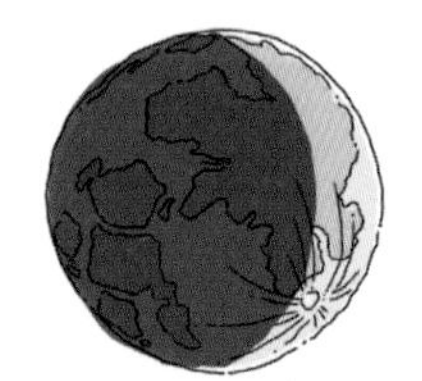

초승달
보통 음력 3일에 보이는데 달의 주기가 시작되지요.

상현달
보통 음력 7일에 보이는데 오른쪽이 밝게 빛나요.

보름달
보통 음력 15일에 보이는데 크레이터는 볼 수 없어요.

하현달
보통 음력 23일에 보이는데 왼쪽이 밝게 빛나요.

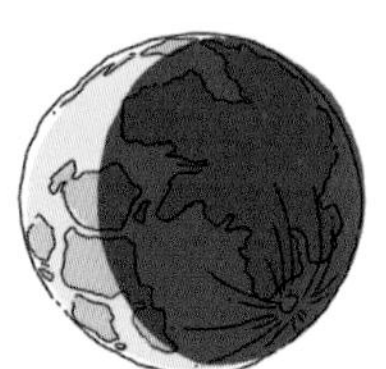

그믐달
보통 음력 27일에 보이는데 달을 볼 수 없어요.

들은 '크레이터'라고 부르는 것으로, 우주를 떠돌던 작은 돌덩어리들인 운석이 달에 떨어져 땅이 파인 것이에요. 크레이터를 우리말로 표현하면 '운석 충돌 구덩이'예요. 하지만 달의 크레이터를 언제나 볼 수 있는 것은 아니에요. 크레이터는 달에 그림자가 생겨야 잘 보여요. 그래서 태양빛이 직각으로 비치는 보름달일 때는 그림자가 생기지 않아 크레이터를 볼 수 없어요. 달의 표면을 자세히 보면 크레이터는 그림자가 지는 면에서 많이 보인답니다.

그런데 달의 크레이터가 모두 운석의 충돌로 생긴 것은 아니에요. 일부는 오래 전에 화산이 폭발하면서 생긴 흔적들이에요. 이 흔적은 땅이 주위보다 낮은 지역으로 약 43억 5천 년 전 화산 활동이 있었을 때 나온 용암들이 흘러들어가 굳은 곳이에요. 지구와 가장 가까이 있는 위성인 달나라로 여행가는 날을 기다려 보아요.

달의 공전으로 밀물과 썰물이 생겨요.

바닷물의 밀물과 썰물은 지구와 태양 그리고 달의 위치에 따라 생기는 현상이에요. 태양과 지구, 달이 일직선이 되었을 때 바닷물의 높이가 가장 높은 '사리'가 되요. 이것이 바로 바닷물이 육지에 가까이 밀려드는 밀물이에요. 그러나 태양과 달의 위치가 지구를 중심으로 직각이 될 때에는 바닷물의 높이가 가장 낮은 '조금'이 되지요. 이것이 바닷물이 먼 바다로 빠져나가는 썰물이지요.

크레이터
행성이나 위성의 표면에 움푹 파인 웅덩이에요. 주로 운석의 충돌로 인해 생기지요.

달의 마술, 일식과 월식

밤하늘을 비추는 달이 가끔 마술을 부릴 때가 있어요. 바로 일식과 월식이에요. 일식은 달보다 400배나 큰 태양이 달 뒤에 숨어버리는데 달이 지구 주위를 공전하면서 생기는 현상이에요. 태양, 달, 지구의 순서로 일직선이 되어 달이 태양을 일부분만 가리면 부분 일식, 완전히 가리면 개기 일식이에요. 개기 일식 때에는 한낮이라도 깜깜해져요.

옛날에는 일식이 일어나면 하늘나라의 개가 태양을 삼켰다가 너무 뜨거워서 다시 뱉어버린다고 생각했어요. 그래서 이런 현상이 나타나면 나라에 큰 재앙이 있을 거라고 생각했어요.

그리고 환하게 빛나던 보름달이 점점 어두워지거나 완전히 보이지 않을 때가 있어요. 이것을 월식이라고 해요. 태양, 지구, 달 순서로 일직선이 되면 지구 그림자에 가려서 달이 보이지 않는데 완전히 가려지는 것을 개기 월식이라고 해요.

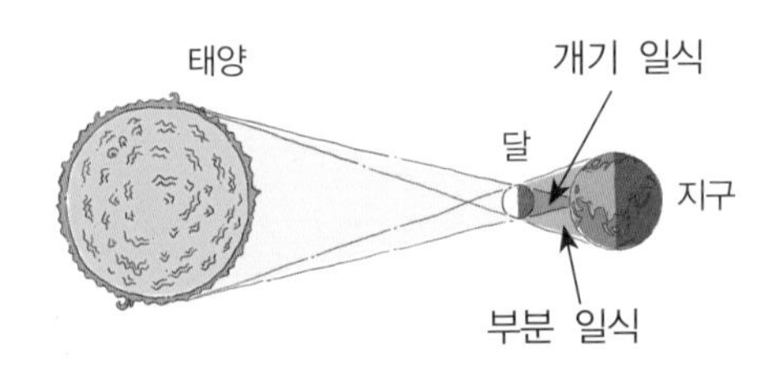

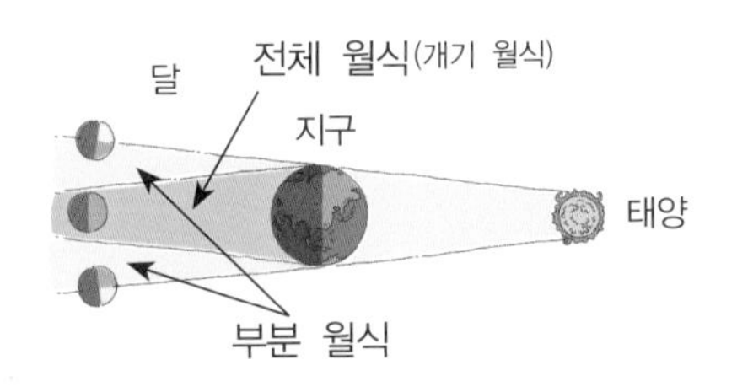

일식

월식

달에는 정말 토끼가 살고 있을까?

우리 선조들은 달에 토끼가 살고 있다고 생각했어요. 왜 그런 생각을 했을까요? 아주 먼 옛날 신선들은 신들의 심부름꾼인 옥토끼에게 신들만 먹는 신비의 약인 '선단'을 만들도록 시켰어요. 그래서 옥토끼는 깊은 산 속에서 아무도 모르게 선단을 만들고 있었어요. 하지만 얼마 뒤 사람들이 이 사실을 알게 되었고 욕심 많은 사람들은 선단을 훔쳐가기 시작했지요. 이것을 알고 화가 난 신선들은 사람들이 선단을 훔쳐가지 못하게 하려고 옥토끼를 사람들이 갈 수 없는 달나라로 보내 버렸어요. 옥토끼는 그때부터 달나라에서 선단을 만들게 되었어요. 그래서 달나라에서 방아를 찧는 토끼 이야기가 나오게 된 것이랍니다.

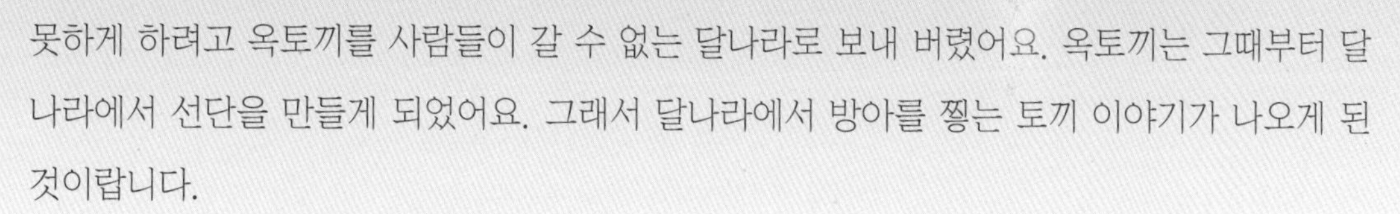

하지만 실제로 달나라에 토끼가 살고 있는 것은 아니에요. 달 표면을 보면 달의 바다 모양이 절구질을 하고 있는 토끼처럼 보였기 때문이에요. 달의 바다는 달 표면이 주위보다 낮은 부분이에요. 35억 년 전 화산 활동이 일어나면서 나온 용암들이 흘러들어가 굳은 곳이지요. 이 부분이 어둡게 보이는데 그 모양이 마치 절구질을 하는 토끼처럼 보였던 거예요.

그럼 지금 밤하늘을 올려다보며 절구질을 하는 토끼를 찾아볼까요?

방아 찧는 토끼를 찾아 보세요.

달에는 주변보다 어두운 바다라는 곳이 있어요. 달의 바다는 마치 토끼가 방아를 찧는 것 같은 모습으로 보이지요. 옆의 사진을 잘 보고 절구질하는 '옥토끼'를 찾아보세요.

☞ 정답은 56쪽에

천문대에 가요

천문대는 천체를 관측하고 연구하는 곳이에요. 사람들은 왜 천문대를 세웠을까요? 바로 하늘의 움직임을 관찰하기 위한 것이었어요.

옛날부터 중앙아시아의 유목민* 이나 농업을 중요시하던 농업 민족들은 태양이나 행성 그리고 달의 움직임에 대해 많은 관심을 가지고 있었어요. 그 당시에는 하늘의 천체를 관측하는 사람을 '신관'이라고 했어요. 바로 오늘날의 천문학자와 같지요. 그리고 신관이 하늘을 관측하는 곳을 '신전'이라고 하였는데 이곳이 바로 인류 최초의 천문대랍니다. 비가 너무 많이 오거나, 가뭄이

드는 등 하늘에서 안 좋은 현상이 일어나고 있다고 생각하면 신전에서 신들을 향해 제사를 올렸지요. 하지만 지금의 천문대는 각종 우주 현상 연구, 우주 개발 등 연구 범위가 점점 넓어지고 있지요.

그럼 지금부터 천문학은 어떻게 시작되었는지, 세계 최초의 천문대는 어디인지, 천체 망원경은 어떻게 개발되었는지 지금부터 알아보아요.

* 유목민 : 소나 말, 양, 돼지 등을 기르며 물과 풀을 따라 옮겨 다니며 사는 민족이에요.

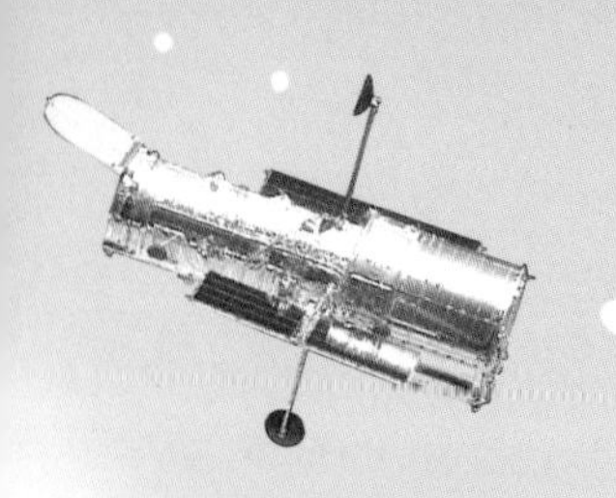

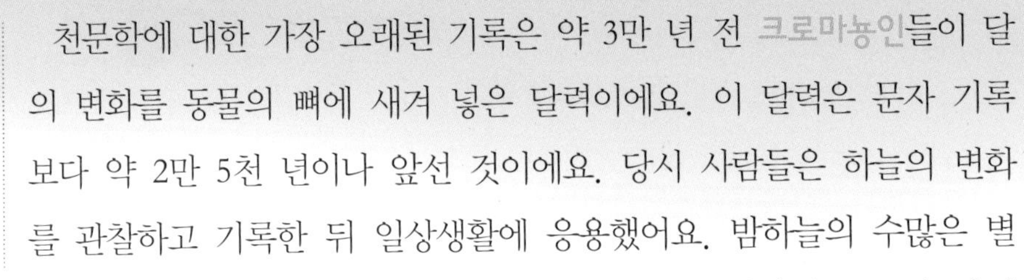

천문대는 어떻게 생겼을까?

크로마뇽인
프랑스 도르도뉴 지방에 있는 크로마뇽 동굴에서 발견된 최초의 인류예요. 현재 유럽인의 조상으로 추측하고 있어요.

천문학에 대한 가장 오래된 기록은 약 3만 년 전 크로마뇽인들이 달의 변화를 동물의 뼈에 새겨 넣은 달력이에요. 이 달력은 문자 기록보다 약 2만 5천 년이나 앞선 것이에요. 당시 사람들은 하늘의 변화를 관찰하고 기록한 뒤 일상생활에 응용했어요. 밤하늘의 수많은 별들이 신비의 대상이었기 때문에 나라의 중요한 일이 있을 때는 점성술로 점을 보거나 제사를 지냈지요. 이렇게 고대에 하늘에 제를 올리던 제단이 천문대의 시초가 되었어요.

천문학은 어떻게 시작되었을까?

사람들이 밤하늘을 올려다보기 시작한 것은 수천 년 전부터예요. 옛날 사람들은 신들이 밤하늘을 창조했다고 생각했기 때문에 하늘에서 일어나는 모든 현상이 경이로우면서도 재앙의 징조라고 생각하고 두려워 했어요. 그래서 신들의 뜻을 알기 위해 하늘의 움직임을 관측하여 시간을 재고 달력을 만들었어요. 이것이 바로 천문학의 시작이에요.

세계 최초의 천문대, 코펜하겐 천문대

기원전 2세기 무렵, 에게해의 로스섬에 세운 천문대가 세계 최초의 천문대라는 기록이 있어요. 하지만 지금까지 남아 있는 천문대 중 가장 오래된 것은 덴마크의 코펜하겐 천문대예요. 1637년 덴마크의 왕 크리스찬 4세의 명령으로 세웠지요. 코펜하겐 천문대는 유럽 연합 천문대의 천체 망원경을 이용하고 있으며, 이 천문대는 유럽의 여러 나라들과 공동으로 사용하고 있답니다.

점성술
별의 빛이나 위치, 움직임 등을 보고 앞으로 일어날 좋고 나쁜 일을 점쳐 보는 것을 말해요.

에게해
그리스의 서해안 및 크레타 섬에 둘러싸인 부분의 바다예요.

동양에서 가장 오래된 천문대, 첨성대

고대부터 농사를 지어온 우리 민족도 하늘의 변화에 관심이 많았어요. 그래서 가뭄이 들거나 홍수가 나면 왕이 직접 나서서 하늘에 제를 올렸어요. 강화도의 마니산 정상에 있는 참성단도 단군왕검이 제사를 올렸던 곳이라고 해요. 우리나라에는 동양에서 가장 오래된 천문대인 첨성대가 있어요. 신라 선덕여왕 때 경주에 세운 천문대이지요.

첨성대의 몸통은 원형이고, 머리 부분은 정사각형이에요. 첨성대의 모양을 이렇게 만든 데에는 당시 동양 사람들의 '하늘은 둥글고, 땅은 모나다'는 생각이 담겨 있어요. 첨성대는 받침 부분을 제외한 원형 몸통과 머리 부분이 모두 29층으로 되어 있어요. 이것은 한 달(음력)인 29.5일과 같지요. 또 가운데 창을 기준으로 원형 몸통의 위층과 아래층이 각각 12층이에요. 이것은 일 년의 달수인 열두 달과 일치해요. 받침 부분 역시 열두 달을 뜻하는 12개의 석재로 이루어져 있어요. 마지막으로 몸통부의 석재 수는 365개로 1년의 날수와 정확히 일치하지요. 이 사실을 보면 우리 선조들이 천문학에 대해 얼마나 치밀한 계산과 연구를 하고 있었는지 짐작할 수 있지요.

석재
건축물이나 물건을 만드는 데 쓰는 돌이에요.

고려 시대에도 첨성대를 세웠다고 해요. 개성에 있는 이 천문대는 지금도 천문 관측기구를 올려 놓았던 축대만 남아 있다고 해요. 신라 시대의 천문대와 더불어 우리나라에서 천문 관측이 꾸준히 진행되었다는 사실을 알려주는 귀중한 유적이에요.

첨성대에서 밤하늘을 관측하는 신라인

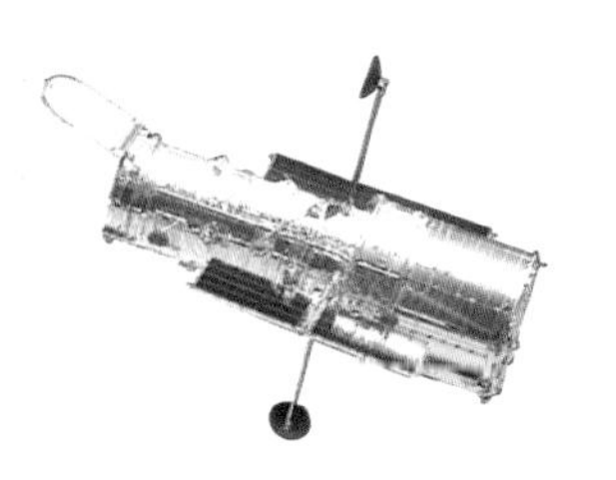

망원경은 어떻게 만들었을까?

대물렌즈
망원경에 있는 두 개의 렌즈 중 물체 가까이에 있는 렌즈예요.

접안렌즈
망원경에 있는 두 개의 렌즈 중 눈으로 보는 쪽에 있는 렌즈예요.

굴절
빛이 원래 진행하던 방향보다 휘어서 꺾인 것을 말해요.

망원경은 네덜란드의 한스 리페르세이가 처음 만들었어요. 한스는 어느 날 자신의 안경점 앞에서 놀던 두 어린이가 안경용 렌즈 두 개를 겹쳐서 보니 교회의 탑이 크게 보인다고 한 것을 보았어요. 이것에 착안하여 한스는 렌즈 두 개를 통에 끼워 망원경을 만들었는데, 이것이 인류 최초의 망원경이에요.

망원경으로 하늘의 천체를 최초로 관찰한 사람은 갈릴레이예요. 갈릴레이의 망원경은 대물렌즈를 볼록렌즈로 하고, 접안렌즈를 오목렌즈로 쓰는 굴절 망원경이에요. 이런 형태의 망원경을 갈릴레이식 망원경이라고 해요. 그 뒤 대물렌즈와 접안렌즈를 모두 볼록렌즈로 한 케플러식 망원경이 개발되었는데, 넓은 영역을 볼 수 있다는 장점 때문에 지금까지 천체 관측에 널리 사용하고 있어요.

대물렌즈
(볼록렌즈)
접안렌즈
(오목렌즈)

갈릴레이식 망원경의 원리

나를 망원경으로 맨 처음 관찰한 사람이 갈릴레이였군!

천체를 관측하는 갈릴레이

어떤 망원경들이 있을까?

천문학이 발달하면서 천체 망원경의 종류는 아주 다양해졌어요. 굴절 망원경, 반사 망원경, 반사굴절 망원경, 우주 망원경, 전파 망원경 등여러 종류가 있지요.

굴절 망원경은 빛을 굴절시키는 볼록렌즈가 있는 망원경이에요. 갈릴레이식과 케플러식 중 천체를 관찰할 때는 넓은 영역을 볼 수 있는 케플러식 망원경을 주로 써요. 이 망원경은 관측 범위가 넓고 관측 대상이 흔들리지 않아 천체의 모습을 안정적으로 볼 수 있어요. 하지만 별 주위로 무지개색이 보이는 단점이 있어요. 그래서 토성이나 달, 목성 등 크게 볼 수 있는 대상을 관측할 때 주로 사용하지요.

반사 망원경 안에는 빛을 반사시키는 오목 거울이 있어요. 같은 크기의 굴절 망원경에 비해 값이 저렴해서 가장 널리 쓰이는 망원경이에요. 이 망원경은 관측 대상이 바람에 흔들리는 것처럼 보인다는 단점이 있어요. 접안렌즈의 위치가 굴절 망원경과는 반대로 위쪽에 있기 때문이에요.

반사
일정한 방향으로 가던 것이 다른 물체의 표면에 부딪쳐 방향을 반대로 바꾸는 현상이에요.

케플러
독일의 천문학자예요. 화성에 관한 정밀한 관측 기록을 기초로 화성의 운동이 태양을 중심으로 하는 타원 운동임을 확인하고, 혹성의 운동에 관한 케플러의 법칙 등을 발견했어요.

반사 망원경
가장 널리 쓰이는 망원경이에요.
접안렌즈가 위쪽에 자리하고 있어요.

반사굴절 망원경
접안렌즈 위치가 아래쪽에
자리하고 있어요.

곡면 거울
볼록 거울이나 오목 거울처럼 표면이 구부러진 거울이에요.

수차
빛을 렌즈나 거울에 비추어 볼 때 상이 흐려지거나 비뚤어지거나 굽는 현상이에요.

반사굴절 망원경은 굴절 망원경과 반사 망원경의 장점을 모아 만든 천체 망원경이에요.

이 반사굴절 망원경은 곡면 거울로 빛을 모아 상을 보여주는 반사 망원경의 원리를 사용했지만, 앞에 보정 판을 붙여서 반사 망원경에서 나타나는 여러 가지 수차들을 보정해서 상이 안정적으로 보이지요.

그 외에 천체에서 발생한 전파를 관측하여 천체의 성질을 알아내기 위한 전파 망원경과 천체에서 발생한 빛을 관측해 천체의 성질을 알아내기 위한 광학 망원경이 있지요.

천체 망원경으로 하늘을 보면 어떻게 다를까?

천체 망원경으로 보면 별이 굉장히 크게 보일 거라고 생각하지만 태양을 제외한 나머지 별들은 너무 멀리 있어서 크게 볼 수 없어요. 그럼 맨눈으로 보는 것과 무엇이 다를까요? 천체 망원경은 천체의 빛을 모아 밝게 해 주기 때문에 희미한 천체를 또렷하게 볼 수 있어요. 별을 크게 볼 수는 없지만 맨눈으로는 보이지 않았던 별까지 볼 수 있는 것이지요.

그리고 우주 공간에서 천체를 관측하는 우주 망원경도 있어요. 우주 망원경은 지구 대기권 바깥에서 우주를 관측하고 있지요. 그래서 지구에서는 관측할 수 없었던 우주의 모습까지도 관측하는 것이 가능해졌어요. 이런 장점 때문에 우주에서는 허블 우주 망원경을 비롯한 여러 가지 우주 망원경이 우리의 우주를 관측하고 있어요.

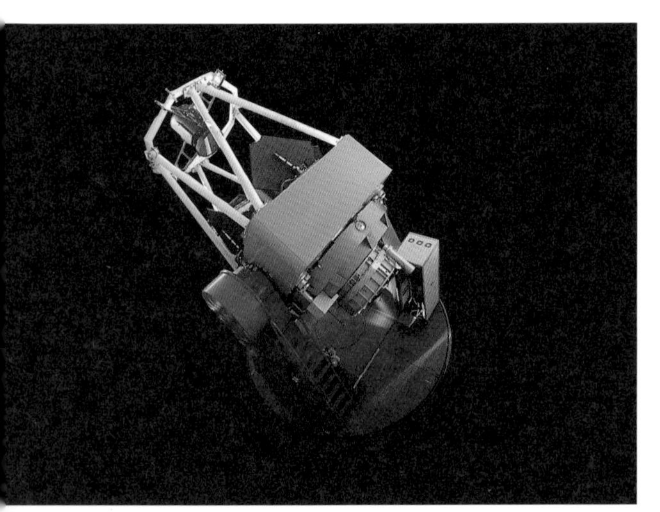

광학 망원경
보현산천문대에 있는 국내 최대의 광학 망원경이에요. 크기가 1.8미터나 돼요.

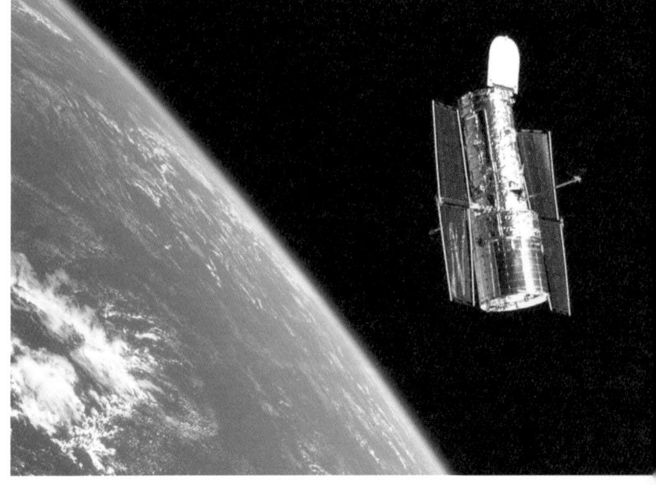

허블 망원경
나사(NASA)에서 쏘아 올린 우주 망원경이에요. 우주에서 천체를 관측하며 우리에게 각종 아름다운 우주 사진을 보내 오지요.

작은걸음 큰 생각

천체 망원경의 구조를 알아 보아요

굴절 망원경을 보고 천체 망원경의 각 부분에 대해 알아보아요. 천체 망원경은 크게 경통부와 가대부, 다리부로 나뉘어요. 경통부에는 파인더와 경통, 접안렌즈가 있어요. 가대부에는 가대와 무게균형추, 무게균형추 봉이 있어요. 다리부에는 망원경을 지탱하는 다리가 있지요. 아래 사진을 보며 각각의 기능을 알아보아요.

경통
대물렌즈가 들어 있는 통으로 접안렌즈와 파인터가 연결되는 부분이에요.

파인더
대상을 찾을 때 사용하는 렌즈예요.

무게균형추
경통부와 가대의 무게 균형을 맞추어서 망원경이 넘어지지 않도록 해 주고 움직이는 별을 정확하게 추적할 수 있도록 도와줘요.

접안렌즈
접안렌즈는 대물렌즈에 보이는 모습을 확대하여 우리 눈으로 볼 수 있게 해 주는 렌즈예요. 이 접안렌즈에 의해 망원경의 배율이 조정되지요.

무게균형추봉
무게균형추가 움직이는 길로서 양팔저울처럼 무게균형추의 위치를 조정하여 무게 균형을 맞출 수 있도록 해 줘요.

가대
망원경의 경통부를 원하는 방향으로 움직일 수 있도록 도와주는 역할을 해요.

다리
천체 망원경이 설 수 있도록 도와주어요. 일반적으로 삼각다리를 많이 사용해요.

천체 망원경으로 보니 밤하늘의 별이 너무 멋져.

나도 빨리 보고 싶어.

천체 망원경을 조립해 보아요

별과 별자리, 행성들을 여행하는 일은 즐거웠나요? 별도 태어나고 죽는다는 것, 지구는 스스로 빛을 내는 행성이 아니라는 것, 별자리는 사람들이 인위적으로 만든 것이라는 것까지 우리가 우주에 대해 알게 된 사실은 매우 많지요. 아름답고 신비한 우주에 푹 빠져 계속 천체를 관찰하고 싶다고요? 이렇게 우주를 관찰하기 위해서는 천체 망원경이 꼭 있어야 하지요. 하지만 천체 망원경을 조립하는 일이 너무 어렵다고요? 지금부터 천체 망원경 조립 과정을 잘 보고 따라해 보세요.

1

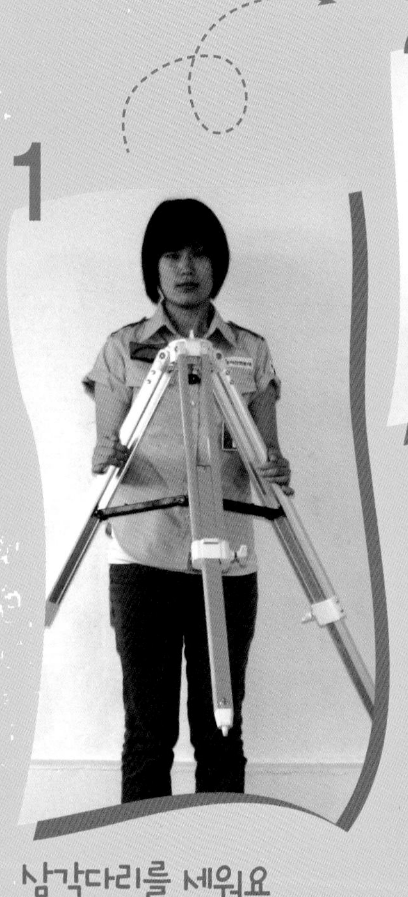

삼각다리를 세워요

먼저 삼각다리를 벌려 'N'이라고 써 있는 다리의 방향이 북극성을 향하도록 최대한 벌려 놓아요.

2

가대를 올려요

삼각다리 위에 가대를 올려 놓고 조임 나사로 조여 주세요. 이때 끝까지 잘 조여야 해요.

3

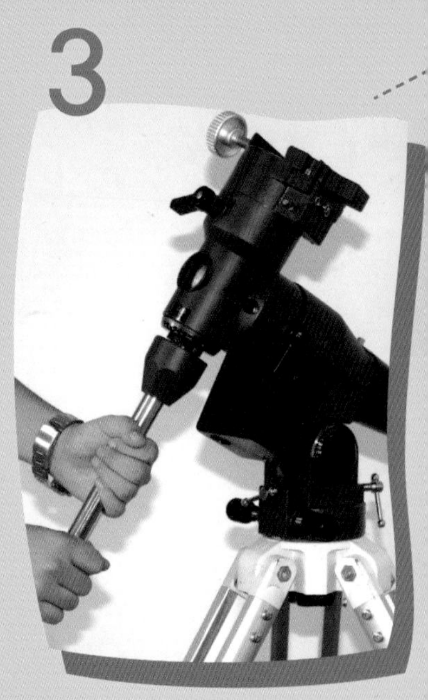

무게균형추봉을 가대와 결합시켜요

무게균형추봉의 안전핀을 제거한 뒤 가대에 결합시켜요. 먼저 무게균형추봉을 조여 준 뒤 손잡이 부분을 이용하여 한 번 더 조여 주세요

4

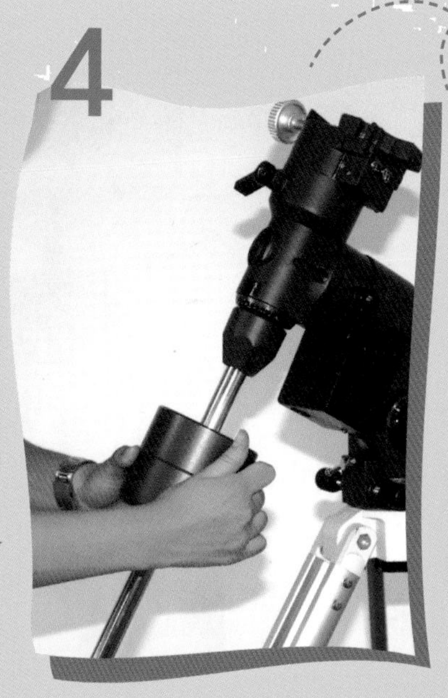

무게균형추를 끼워요

무게균형추봉에 무게균형추를 끼우고 안전핀을 무게균형추봉에 다시 결합시켜요.

5

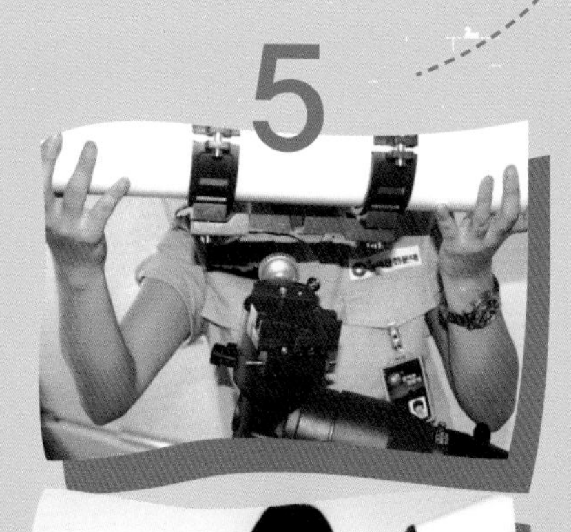

가대와 경통을 결합시켜요

가대 위에 경통을 올리고 가대 부분의 큰 나사를 먼저 조인 뒤 작은 나사를 조여 주세요.

6

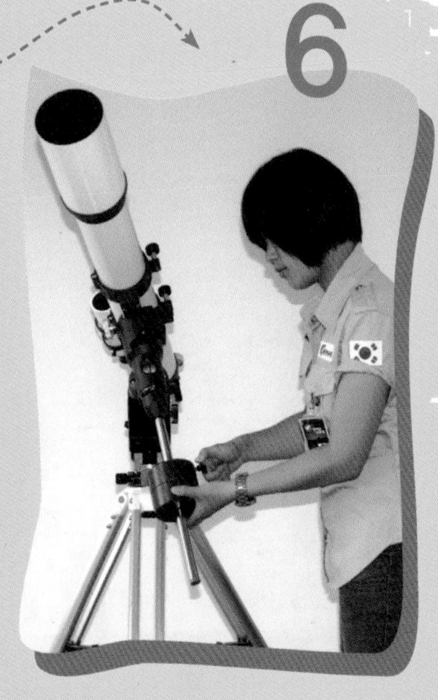

무게 균형을 맞춰요

무게균형추를 이용하여 경통과의 무게 균형을 맞춰 주세요.

7

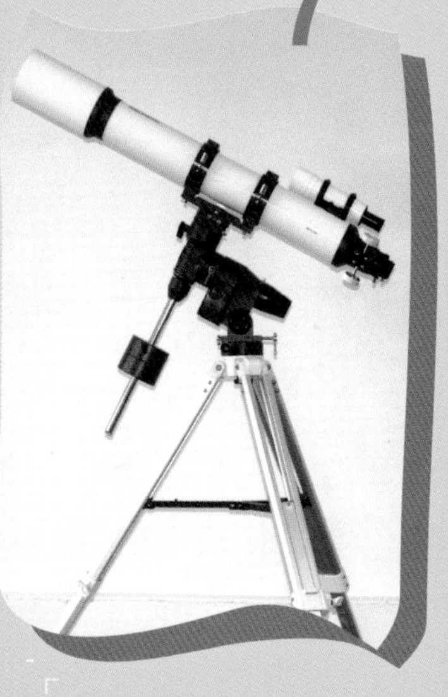

천체 망원경이 설치되었어요

천체 망원경 설치가 끝났어요. 이제 관측을 하는 일이 남았어요.

8

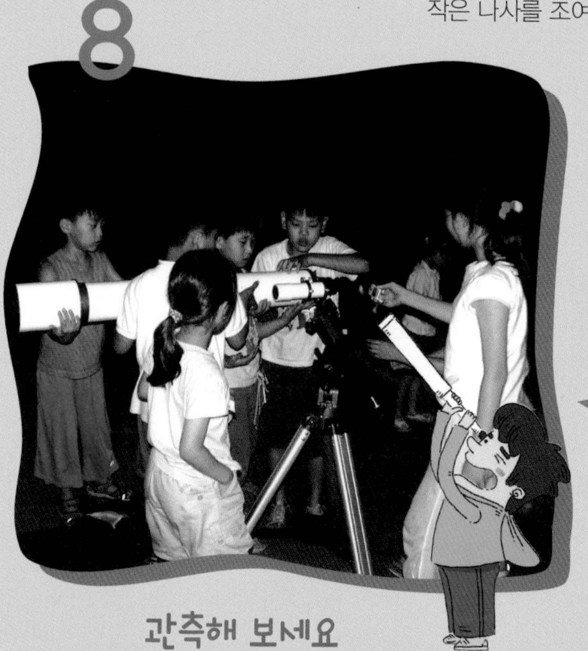

관측해 보세요

천체 망원경으로 밤하늘을 관측해 보세요. 신비롭고 아름다운 우주가 여러분의 눈앞에 펼쳐질 거예요.

천체를 관측할 수 있는 중미산천문대

중미산천문대는 모두 6개의 체험장으로 구성되어 있어요. 별을 관찰하는 천문관측돔과 보조관측장, 다양한 천문공작물을 만들 수 있는 강당이 있어요. 그리고 우주에 대해 공부하는 숲속교실, 별자리를 관찰하는 야외 별자리 관찰장, 천체 망원경을 직접 설치하고 조작해 볼 수 있는 천체 망원경 체험장이 있어요. 그 외에 숲 해설을 듣고 자연의 생태를 체험해 볼 수 있는 숲생태 체험장도 있지요. 그럼 중미산 천문대에서 우주 여행을 떠나보아요.

천문관측돔
우주망원경이 있어요. 눈이나 비로부터 천체 망원경을 보호하기 위해 문을 닫고 있다가 관측할 때만 천장의 문을 열지요.

보조관측장
보조 망원경이 있어요. 다양한 종류의 천체 망원경들로 신기한 천체를 관측할 수 있어요.

천문공작실
다양한 천문우주 공작물을 만들어 볼 수 있는 곳이에요.

또 어디에 천문대가 있을까요?

국내 최대 구경의 망원경이 있는
영천 보현산천문대
주소 경북 영천시 화북면별빛로 681-32
전화번호 054-330-6446

케이블카를 타고 이동해 별을 관측하는
양주 송암천문대
주소 경기 양주시 장흥면 권율로185번길 103
전화번호 031-894-6000

국내 제1호 광학천문대인
단양 소백산천문대
주소 충북 단양군 단양읍 소백산길 639
전화번호 043-422-1108

해발 800미터에서 별을 관측할 수 있는
영월 별마로천문대
주소 강원 영월군 영월읍 천문대길 397
전화번호 033-372-8445

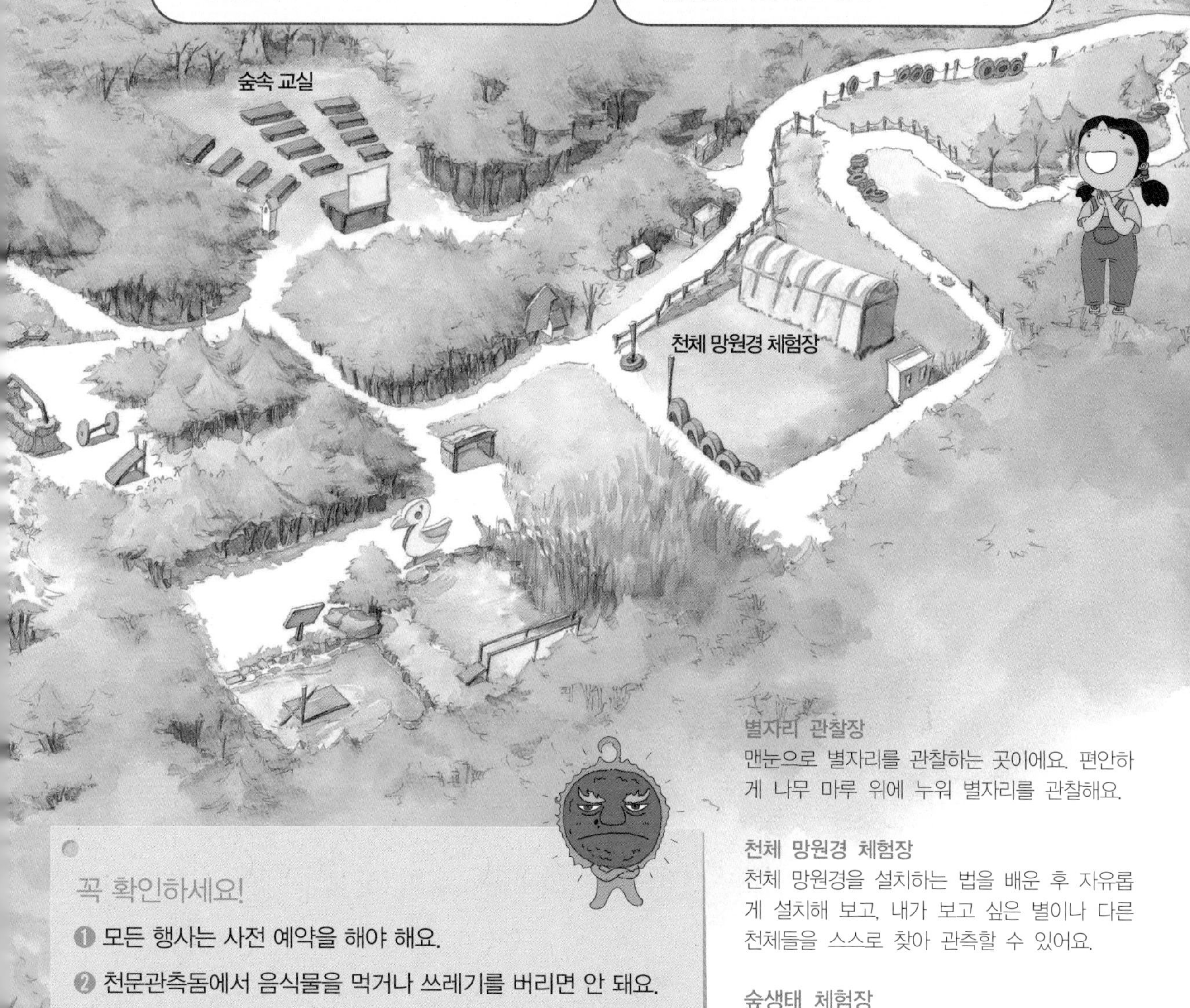

별자리 관찰장
맨눈으로 별자리를 관찰하는 곳이에요. 편안하게 나무 마루 위에 누워 별자리를 관찰해요.

천체 망원경 체험장
천체 망원경을 설치하는 법을 배운 후 자유롭게 설치해 보고, 내가 보고 싶은 별이나 다른 천체들을 스스로 찾아 관측할 수 있어요.

숲생태 체험장
숲속의 다양한 동식물을 해설과 함께 관찰해 보아요. 또한 해시계 등 자연을 이용한 과학실험을 해 볼 수 있어요.

꼭 확인하세요!

1. 모든 행사는 사전 예약을 해야 해요.
2. 천문관측돔에서 음식물을 먹거나 쓰레기를 버리면 안 돼요.
3. 관측을 할 때는 조용히 하고, 사진 촬영은 할 수 없어요.

우리의 우주는 살아있어요

우주 여행은 즐거웠나요? 그동안 하나의 점으로만 보였던 수많은 별들이 너무 아름답게 보였다고요? 그런데 이렇게 아름다운 우주에 대해 지금까지 알려진 것은 극히 일부분이에요. 우주는 우리가 생각할 수 없을 만큼 넓고, 많은 대상들이 있기 때문이에요.

우주란 어떤 곳일까요? 우주란 정말로 끝이 없을까요? 많은 과학자들이 이 질문에 대해 지금도 계속 연구하고 있어요. 우주의 끝이 없다는 '열린우주론'과 언젠가는 끝에 갈 수 있다는 '닫힌우주론'이지요. 이중에서 대부분의 과학자들은 '열린우주론'을 주장하고 있어요. 아마도 우리가 언제까지나 우주에서 살기를 바라는 마음 때문이 아닐까요? 만약 '닫힌우주론'이 맞다면 언젠가는 우주가 하나로 뭉쳐지거나, 계속 커져가는 블랙홀에 먹혀 버릴지도 몰라요.

우리가 우주에 대한 연구를 멈추지 않아야 하는 이유도 바로 여기에 있어요. 지구의 에너지원인 태양은 앞으로 약 50억 년이 지나면 폭발을 일으키며 죽어버리지요. 그래서 우리의 후손들이 언제까지나 이 우주에서 살아갈 수 있도록 다른 행성이나 항성들에 대한 연구를 하는 것이지요.

우주의 별들도 사람처럼 태어나고 우주의 에너지를 먹으며 커져 가지요. 그리고 언젠가는 죽는답니다. 만약 여러분 중에 천문우주학자가 되고 싶은 사람이 있다면 먼저 우주의 별들을 이해하는 것이 더 중요해요. 천문대에서 별을 보며 살아 있는 우주를 친구로 사귀어 보아요. 언젠가는 훌륭한 천문학자나 항공우주학자가 될 거예요.

우리와 함께 숨을 쉬며 살아가는 우주는 우리의 친구랍니다.

나는 우주 박사!

우주 여행은 즐거웠나요? 아름다운 지구와 달, 이글거리는 태양, 아름다운 고리를 가진 토성, 별자리 등을 본 기분은 어떤가요? 이렇게 아름다운 행성들이 있는 우주는 정말 아름다운 곳이지요. 자, 그럼 아름다운 우주에 대한 기억을 되살려보며 문제를 풀어 볼까요?

❶ 다음 글을 잘 읽고 O나 X로 답하세요.

(1) 첨성대는 동양에서 가장 오래된 천문대예요. (　　)

(2) 망원경을 최초로 만든 사람은 갈릴레오 갈릴레이예요. (　　)

(3) 지동설은 지구의 중심에 우주가 있다는 주장이에요. (　　)

(4) 지구는 공전하기 때문에 지구에 사계절이 있어요. (　　)

(5) 달은 태양의 유일한 위성이에요. (　　)

(6) 블랙홀은 우주의 빛을 빨아들이지 않아요. (　　)

(7) 하늘에 별들이 옹기종기 모여 있는 것을 성단이라고 해요. (　　)

(8) 안드로메다은하는 우리 은하와 가장 가까운 은하예요. (　　)

(9) 명왕성은 태양계 행성이에요. (　　)

❷ 맞는 이름을 써 보세요.

태양계 행성을 보고 각각의 이름을 써 보세요.

(　　　　)

(　　　　)

(　　　　)

(　　　　)

(　　　　)

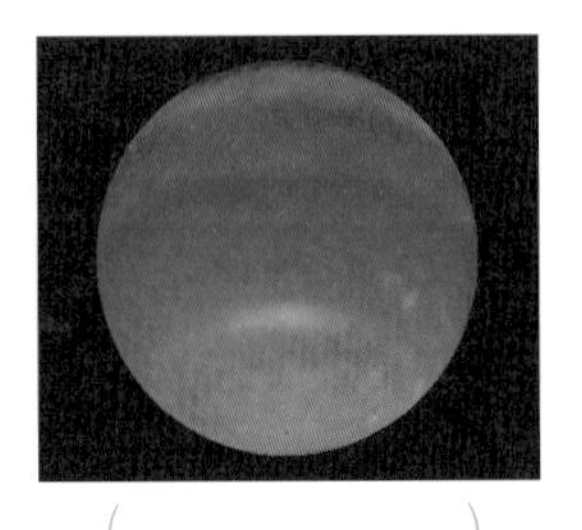
(　　　　)

(　　　　)

(　　　　)

③ 맞는 것끼리 연결해 보세요.

다음 별자리의 그림과 이름을 맞게 연결해 보세요.

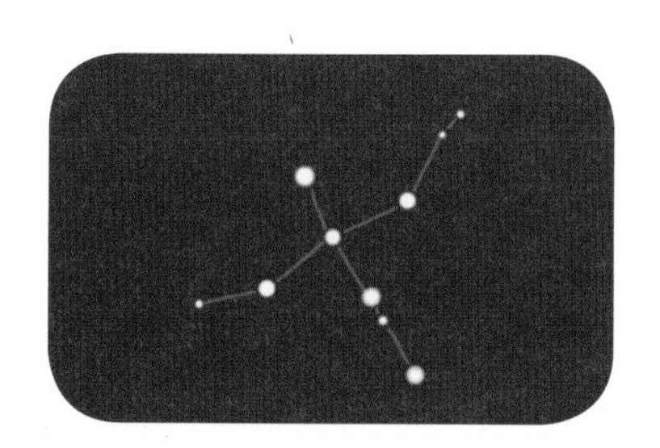

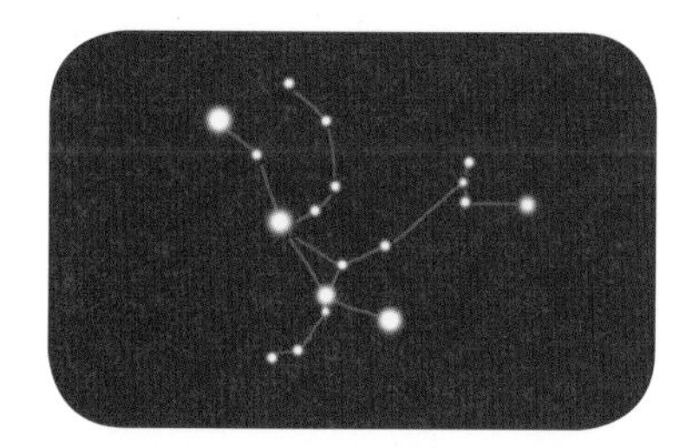

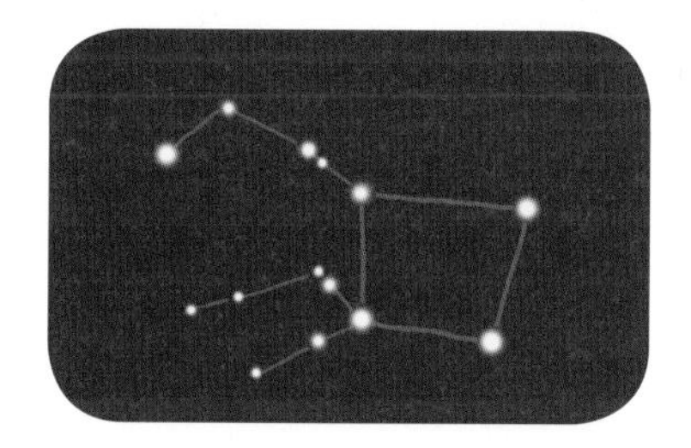

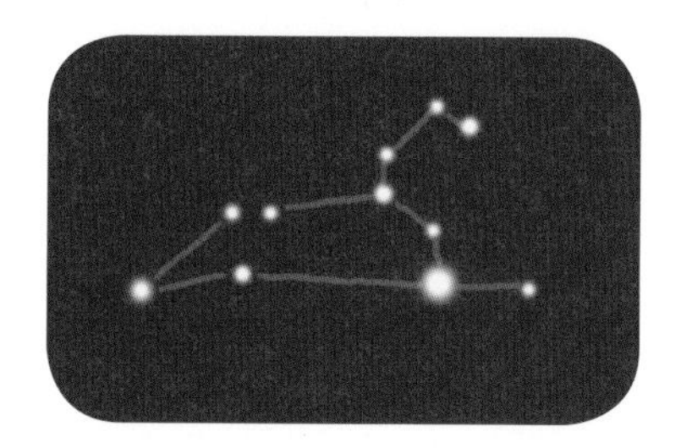

사자자리
사자 모양의 유성이 땅에 떨어져 사람들에게 고통을 주자 헤라클레스가 사자를 죽이고 평화를 되찾아주었어요.

백조자리
제우스가 스파르타의 왕비 레다를 유혹하기 위해 지상으로 내려올 때 백조로 변신했어요. 백조자리는 제우스가 변신한 모습이에요.

안드로메다자리
황폐해진 에티오피아를 구하기 위해 딸 안드로메다공주를 재물로 보냈어요. 페르세우스가 목숨을 걸고 공주를 구해 결혼했지요.

목동자리
두 마리의 소가 끄는 쟁기를 발명한 아르카스를 기리기 위해 만든 별자리예요.

페가수스자리
바다의 신인 포세이돈이 메두사의 피로 날개 달린 말을 만들어 주었는데 이 말이 바로 페가수스예요.

☞ 정답은 56쪽에

정답

11쪽

안드로메다은하와 카시오페이아자리 사진을 참고하세요.

13쪽

① 흑점의 개수는 날마다 달라요. 내가 관측한 날의 흑점 개수를 세어 보세요.

② 홍염의 개수, 위치를 잘 관찰해 보고 그림으로 그리세요.

25쪽

직녀성 사진을 참고하세요.

29쪽

황소자리 사진을 참고하세요.

33쪽

지구가 자전을 할 수 있는 이유는 둥근 모양이기 때문인 것 같다. 만약 지구가 네모 모양이었다면 자전을 하기 힘들었을 것 같다. 자전을 하다가 여기 저기 다른 별들과 부딪히기도 했을 것이다. 그러면 그 충격이 우리에게도 전해질지 모른다. 둥근 지구에서 살아서 참 다행이다.

35쪽

1. 바닷물 2. 자전 3. 공전

39쪽

나는 우주 박사!

❶ 다음 글을 잘 읽고 O나 X로 답하세요.

다음은 허준의 생애에 관한 문제예요. 조선 시대의 제도와 문화를 생각해 보면서 설명이 맞으면 ○, 틀리면 ×로 대답해 보세요.

(1) 첨성대는 동양에서 가장 오래된 천문대예요. (○)
(2) 망원경을 최초로 만든 사람은 갈릴레오 갈릴레이예요. (×)
(3) 지동설은 지구의 중심에 우주가 있다는 주장이에요. (×)
(4) 지구는 공전하기 때문에 지구에 사계절이 있어요. (○)
(5) 달은 태양의 유일한 위성이에요. (×)
(6) 블랙홀은 우주의 빛을 빨아들이지 않아요. (×)
(7) 하늘에 별들이 옹기종기 모여 있는 것을 성단이라고 해요. (○)
(8) 안드로메다은하는 우리 은하와 가장 가까운 은하예요. (○)
(9) 명왕성은 태양계 행성이에요. (×)

❷ 맞는 이름을 써보세요.

태양계 행성을 보고 각각의 이름을 써 보세요.

(지 구)

(금 성)

(수 성)

(화 성)

(목 성)

(해왕성)

(천왕성)

(토 성)

❸ 맞는 것끼리 연결해 보세요.

다음 별자리의 그림과 이름을 맞게 연결해 보세요.

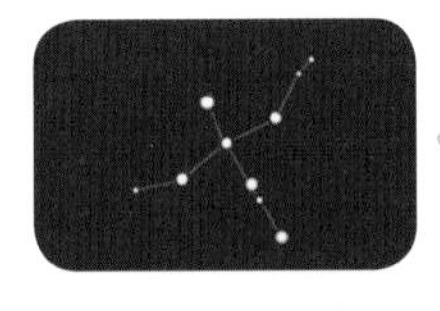

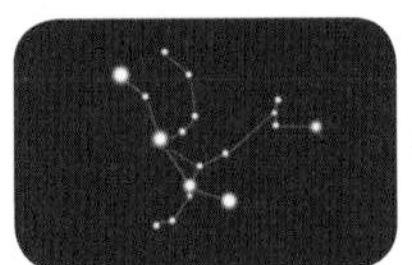

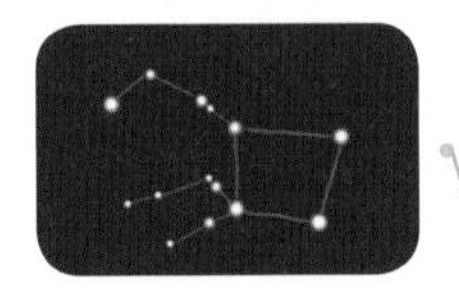

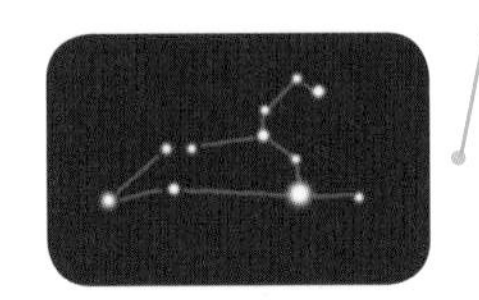

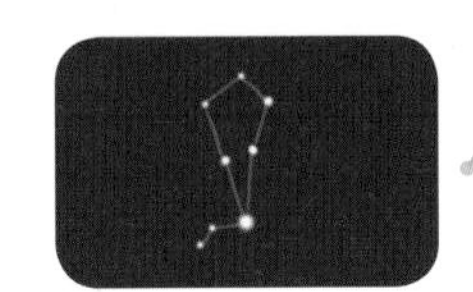

사자자리
사자 모양의 유성이 땅에 떨어져 사람들에게 고통을 주자 헤라클레스가 사자를 죽이고 평화를 되찾아주었어요.

백조자리
제우스가 스파르타의 왕비 레다를 유혹하기 위해 지상으로 내려올 때 백조로 변신했어요. 백조자리는 제우스가 변신한 모습이에요.

안드로메다자리
황폐해진 에티오피아를 구하기 위해 딸 안드로메다공주를 재물로 보냈어요. 페르세우스가 목숨을 걸고 공주를 구해 결혼했지요.

목동자리
두 마리의 소가 끄는 쟁기를 발명한 아르카스를 기리기 위해 만든 별자리예요.

페가수스자리
바다의 신인 포세이돈이 메두사의 피로 날개 달린 말을 만들어 주었는데 이 말이 바로 페가수스예요.

사진 및 그림

전광훈 p45(반사 망원경, 반사굴절 망원경), p47(굴절 망원경), p12(흑점), p21(별의 일주 운동), p36(달), 39(달), p48~49(천체 망원경 조립 1~8)

나사 p46(허블 망원경), p6(타원은하, 막대나선은하), p7(블랙홀), p8(구상성단, 플레이아데스성단), p10(은하수), p11(안드로메다은하, 카시오페이아자리), p12(태양), p17(지구, 화성), p17(혜성), p18(목성, 토성), p19(천왕성, 해왕성), p26(북극성), p34(지구), p37(크레이터)

감마포토 p12(홍염, 코로나), p16(수성, 금성), p38(일식, 월식)

허블 p7(불규칙은하), p20(오리온 대성운)

보현산천문대 p46(광학 망원경)

초등학교 교과서와 관련된 학년별 현장 체험학습 추천 장소

1학년 1학기 (21곳)	1학년 2학기 (18곳)	2학년 1학기 (21곳)	2학년 2학기 (25곳)	3학년 1학기 (31곳)	3학년 2학기 (37곳)
철도박물관	농촌 체험	소방서와 경찰서	소방서와 경찰서	경희대자연사박물관	IT월드(과천정보나라)
소방서와 경찰서	광릉	서울대공원 동물원	서울대공원 동물원	광릉수목원	강원도
시민안전체험관	홍릉 산림과학관	농촌 체험	강릉단오제	국립민속박물관	경희대자연사박물관
천마산	소방서와 경찰서	천마산	천마산	국립서울과학관	광릉수목원
서울대공원 동물원	월드컵공원	남산골 한옥마을	월드컵공원	국립중앙박물관	국립경주박물관
농촌 체험	시민안전체험관	한국민속촌	남산골 한옥마을	기상청	국립고궁박물관
코엑스 아쿠아리움	서울대공원 동물원	국립서울과학관	한국민속촌	서대문자연사박물관	국립국악박물관
선유도공원	우포늪	서울숲	농촌 체험	선유도공원	국립부여박물관
양재천	철새	갯벌	서울숲	시장 체험	국립서울과학관
한강	코엑스 아쿠아리움	양재천	양재천	신문박물관	남산
에버랜드	짚풀생활사박물관	동굴	선유도공원	경상북도	남산골 한옥마을
서울숲	국악박물관	고성 공룡박물관	불국사와 석굴암	양재천	롯데월드 민속박물관
갯벌	천문대	코엑스 아쿠아리움	국립중앙박물관	경기도	국립민속박물관
고성 공룡박물관	자연생태박물관	옹기민속박물관	국립민속박물관	이화여대자연사박물관	삼성어린이박물관
서대문자연사박물관	세종문화회관	기상청	전쟁기념관	전쟁기념관	서대문자연사박물관
옹기민속박물관	예술의 전당	시장 체험	판소리	천마산	선유도공원
어린이 교통공원	어린이대공원	에버랜드	DMZ	한강	소방서와 경찰서
어린이 도서관	서울놀이마당	경복궁	시장 체험	화폐금융박물관	시민안전체험관
서울대공원		강릉단오제	광릉	호림박물관	경상북도
남산자연공원		몽촌역사관	홍릉 산림과학관	홍릉 산림과학관	월드컵공원
삼성어린이박물관		국립현대미술관	국립현충원	우포늪	육군사관학교
			국립4·19묘지	소나무 극장	해군사관학교
			지구촌민속박물관	예지원	공군사관학교
			우정박물관	자운서원	철도박물관
			한국통신박물관	서울타워	이화여대자연사박물관
				국립중앙과학관	제주도
				엑스포과학공원	천마산
				올림픽공원	천문대
				전라남도	태백석탄박물관
				경상남도	판소리박물관
				허준박물관	한국민속촌
					임진각
					오두산 통일전망대
					한국천문연구원
					종이미술박물관
					짚풀생활사박물관
					토탈야외미술관

4학년 1학기 (34곳)	4학년 2학기 (56곳)	5학년 1학기 (35곳)	5학년 2학기 (51곳)	6학년 1학기 (36곳)	6학년 2학기 (39곳)
강화도	IT월드(과천정보나라)	갯벌	IT월드(과천정보나라)	경기도박물관	IT월드(과천정보나라)
갯벌	강화도	광릉수목원	강원도	경복궁	KBS 방송국
경희대자연사박물관	경기도박물관	국립민속박물관	경기도박물관	덕수궁과 정동	경기도박물관
광릉수목원	경복궁 / 경상북도	국립중앙박물관	경복궁	경상북도	경복궁
국립서울과학관	경주역사유적지구	기상청	덕수궁과 정동	고성 공룡박물관	경희대자연사박물관
기상청	경희대자연사박물관	남산골 한옥마을	경상북도	국립민속박물관	광릉수목원
농촌 체험	고창, 화순, 강화 고인돌유적	농업박물관	경희대자연사박물관	국립서울과학관	국립민속박물관
서대문자연사박물관	전라북도	농촌 체험	고인쇄박물관	국립중앙박물관	국립중앙박물관
서대문형무소역사관	고성 공룡박물관	서울국립과학관	충청도	농업박물관	국회의사당
서울역사박물관	충청도	서울대공원 동물원	광릉수목원	롯데월드 민속박물관	기상청
소방서와 경찰서	국립경주박물관	서울숲	국립공주박물관	몽촌토성과 풍납토성	남산
수원화성	국립민속박물관	서울시청	국립경주박물관	민주화현장	남산골 한옥마을
시장 체험	국립부여박물관	서울역사박물관	국립고궁박물관	백범기념관	대법원
경상북도	국립서울과학관	시민안전체험관	국립민속박물관	서대문자연사박물관	대학로
양재천	국립중앙박물관	경상북도	국립서울과학관	서대문형무소 역사관	민주화 현장
옹기민속박물관	국립국악박물관 / 남산	양재천	국립중앙박물관	서울역사박물관	백범기념관
월드컵공원	남산골 한옥마을	강원도	남산골 한옥마을	조선의 왕릉	아인스월드
철도박물관	농업박물관 / 대법원	월드컵공원	농업박물관	성균관	서대문자연사박물관
이화여대자연사박물관	대학로	유명산	롯데월드 민속박물관	시민안전체험관	국립서울과학관
천마산	롯데월드 민속박물관	제주도	충청도	경상북도	서울숲
천문대	몽촌토성과 풍납토성	짚풀생활사박물관	서대문자연사박물관	암사동 선사주거지	신문박물관
철새	불국사와 석굴암	천마산	성균관	운현궁과 인사동	양재천
홍릉 산림과학관	서대문자연사박물관	한강	세종대왕기념관	전쟁기념관	월드컵공원
화폐금융박물관	서울대공원 동물원	한국민속촌	수원화성	천문대	육군사관학교
선유도공원	서울숲	호림박물관	시민안전체험관	철새	이화여대자연사박물관
독립공원	서울역사박물관	홍릉 산림과학관	시장 체험 / 신문박물관	청계천	중남미박물관
탑골공원	조선의 왕릉	하회마을	경기도	짚풀생활사박물관	짚풀생활사박물관
신문박물관	세종대왕기념관	대법원	강원도	태백석탄박물관	창덕궁
서울시의회	수원화성	김치박물관	경상북도	해인사 고려대장경과 장경판전	천문대
선거관리위원회	승정원 일기 / 양재천	난지하수처리사업소	옹기민속박물관	호림박물관	우포늪
소양댐	옹기민속박물관	농촌, 어촌, 산촌 마을	운현궁과 인사동	유니세프 한국위원회	판소리박물관
서남하수처리사업소	월드컵공원	들꽃수목원	육군사관학교	무령왕릉	한강
중랑구재활용센터	육군사관학교	정보나라	이화여대자연사박물관	현충사	홍릉 산림과학관
중랑하수처리사업소	철도박물관	드림랜드	전라북도	덕포진교육박물관	화폐금융박물관
	이화여대자연사박물관	국립극장	전쟁박물관	서울대학교 의학박물관	훈민정음
	조선왕조실록 / 종묘		창경궁 / 천마산	상수허브랜드	상수도연구소
	종묘제례		천문대		한국자원공사
	창경궁 / 창덕궁		태백석탄박물관		동대문소방서
	천문대 / 청계천		한강		중앙119구조대
	태백석탄박물관		한국민속촌		
	판소리 / 한강		해인사 고려대장경과 장경판전		
	한국민속촌		화폐금융박물관		
	해인사 고려대장경과 장경판전		중남미문화원		
	호림박물관		첨성대		
	화폐금융박물관		절두산순교성지		
	훈민정음		천도교 중앙대교당		
	온양민속박물관		한국에너지기술연구원		
	아인스월드		한국자수박물관		
			초전섬유퀼트박물관